日本共産党と野党の大問題

大手メディアがなぜか触れない

筆坂秀世
元日本共産党No.4幹部
上念司
経済評論家

清談社
Publico

大手メディアがなぜか触れない

日本共産党と野党の大問題

はじめに

「革命の夢」の被害者をこれ以上増やしてはいけない

上念《じょうねん》 司《つかさ》

「夢を見ることをやめたら人間は終わりだ。夢を実現しようと思ったら、周囲になんといわれようとも全力でそれに向かって努力する。最初からあきらめてしまったら夢を実現することなんて不可能だ」

この言葉に抵抗するのは困難です。なぜなら、まさにこれは正論だからです。では、その夢をこう解釈するのはどうでしょうか？　「いまより自由で平等な世の中を実現する」。たしかに、より自由で平等な社会は望ましいもので、誰も反対することはできません。

しかし、そんな理想の世の中がなぜ実現しないのか？　ある人は、理想が実現しないのは、それを阻むさまざまな社会的な問題があるからだといいます。不自由で不平等な世の中をつくることによって、人びとからカネを巻き上げて肥え太る悪いやつがいるというのです。その悪いやつの名前は資本家、軍国主義者、ファシスト、右翼……彼らは権力者であり、この社会構造を引っくり返さないかぎり、私たちの理想の実現を阻みます。だから、すべての問題点を一挙に解決するために革命が必要なのです。

私は小学校五年生のときに日本共産党の先生からこのようにオルグされ、左翼になりました。先生はソ連（ソビエト社会主義共和国連邦）やチャイナや北朝鮮がその夢を実現しているといいます。日本でもきっとできるはずだ。私はそう信じ込んでいました。

しかし、高校時代にアメリカに留学し、大学に進学して弁論部に入ると、先生がいっていたことに疑問が生じました。キューバ革命では多くの人が財産を没収されて命からがらアメリカに逃げたようだし、ソ連、チャイナ、北朝鮮には日本のような自由がないらしい。しかも大学一年のときにベルリンの壁、東欧の共産主義体制、そして一九九一年にソ連が崩壊します。頭の悪い私でもさすがに気づきました。理想を実現した国はなかったのだと。

それでも私の左翼思想への思いは完全に断ち切れませんでした。革命は不可能と悟りつつも、大学卒業と同時に誕生した非自民連立政権（細川護熙《ほそかわもりひろ》内閣）には大いに期待しました。自民党長期政権に風穴を開けて日本を変えてくれるかもしれないと思ったからです。ところが、この期待も見事に裏切られました。細川内閣は何もできなかったからです。

私が革命の夢から完全に醒《さ》めたのは三十代に差しかかった二〇〇〇年ごろのことでした。バブル崩壊以降、長期停滞に陥った日本経済。その原因を知りたくて経済学の勉強を始めたのがきっかけです。経済学は実験ができないので、過去に実施した経済政策を分析します。そのなかで、どうも日本の歴史は、私が日本共産党の先生に習ったのとかなり違うということに気づいてしまったのです。私はその先生から次のように習いました。

「日本人は残酷で悪いやつだから、少しでも目を離すと、アジアの国々を侵略して多くの人を殺す。その証拠に、豊臣秀吉《とよとみひでよし》は朝鮮出兵を行っているし、江戸《えど》時代にはひどい身分差別があった。明治維新後は軍隊がつくられて近隣諸国と戦争を始めた。戦前の日本には言論の自由がなく、政府の方針に反対すると特高（特別高等警察）に捕まって拷問を受けた。日本を戦争に導いた右翼はいまだに日本の権力を握っている。それが自民党だ！」

革命の根拠は、まさにこの血塗られた歴史にありました。ところが彼らのいう歴史なるものが、まったくのウソ、事実の曲解、切り取りによるデタラメな物語だったのです。

戦前から議会制民主主義を採用する日本は、国民が望まないかぎり戦争ができませんでした。では、なぜ国民が戦争を望んだのか？　経済失政とマスコミの煽《あお》りです。

当時、世界は金本位制というデフレレジームにあり、五〜十年ごとに襲ってくる恐慌で、国民生活はたびたび困窮しました。経済的に追いつめられた人びとは、ヤケを起こして過激思想に救済を求めます。その過激思想を煽《あお》ったのが当時のマスコミです。経済失政によって火がつきやすくなった国民に、マスコミが放火して回った。これこそが支那《しな》事変の拡大

はじめに

「革命の夢」の被害者をこれ以上増やしてはいけない

と対米開戦の原因でした。

しかもマスコミのなかにいた「放火魔」の正体はソ連のヨシフ・スターリンの命令に従う日本人共産主義者だったのです。スターリンは「ひとたび帝国主義諸国が戦争を起こしたら、戦争を徹底的に煽って、自国を敗戦に導かねばならない」という指令を全世界の共産主義者に出していました。戦時中にソ連のスパイとして逮捕、処刑された尾崎秀実《おざきほつみ》（元朝日《あさひ》新聞記者）はこの指令を忠実に実行しました。周囲にいた共産主義シンパも同様です。

私はそれまで信じていたものがガラガラと崩れ去っていくのを感じました。先生は私を騙《だま》していた。許さん！　革命なんて理想でもなんでもない。最初からウソ、でっちあげだったのです。もう革命の被害者をこれ以上増やしてはいけません。だからこそ、革命の大先輩である元日本共産党参議院議員の筆坂秀世《ふでさかひでよ》氏との対談をお受けしました。

本書では、何がそれほど人びとを共産主義に惹《ひ》きつけるのか、経験者同士で忌憚《きたん》のない意見を交換することができました。また、これ以上、左翼思想の被害者を出さないために、いまだなんの反省もなく活動を続ける日本共産党および左翼勢力全般についても徹底批判しています。かつて革命の理想を信じていた二人だからこそできる大批判。ぜひ最後までお読みいただけたらうれしいです。

大手メディアがなぜか触れない
日本共産党と野党の大問題

もくじ

第2章 わが「リベラル」からの転向

第3章 日本共産党の内部では何が起こっているのか

第4章 日本共産党の構造的問題

第5章 独裁政治を生み出す共産主義という悪夢

第6章 野党共闘が安倍政権に永久に勝てない理由

第7章 日本の政党政治と日本共産党の未来

上念 司との論争で正体を現した日本共産党

第1章

ラジオでの発言に「赤旗」から突然の抗議

筆坂秀世（以下、筆坂）　上念さんは、いま国際社会でその行動が非常に危険視されている南米ベネズエラのニコラス・マドゥロ政権に対して擁護的な論調だった日本共産党の機関紙「しんぶん赤旗《あかはた》」（以下「赤旗」）の姿勢についてラジオ番組で非難したところ、日本共産党から抗議を受けたそうですね。

上念司（以下、上念）　ええ。私が毎週月曜日にレギュラー出演している文化放送の「おはよう寺《てら》ちゃん活動中」で真っ向から批判したら、なぜか抗議を受けました。

二〇一九年二月八日の「赤旗」の紙面上に『ベネズエラ情勢で党・「赤旗」を誹謗《ひぼう》中傷文化放送に抗議・要請　党広報部申し入れ』と題して以下の記事が掲載されたんです。

日本共産党の植木俊雄広報部長は7日、都内の文化放送本社を訪れ、同社のラジオ番組「おはよう寺ちゃん活動中」（4日朝放送）で、ベネズエラ情勢に関する党と「しんぶん赤旗」の立場について「事実とまったく違う誹謗中傷のコメントがそのまま放送され、リスナーに重大な誤解を与えている」ことに抗議し、是正措置を求めました。

同番組では、コメンテーターの上念司氏（経済評論家）が、ベネズエラのマドゥロ政権の人権抑圧状況を説明したうえで、「内政干渉はいけないとかいって、この人権弾圧をしているマドゥロ側を応援しているとも思えるような論調の新聞があるんです。『赤旗』、日本のね。共産党は人権を何だと思っているんだろうと思って、恐ろしいなと思いますね」と語り、そのまま放送されました。

私のコメントがよほど痛いところを突いたんでしょうが、私自身はたんに事実を述べただけなんです。でも、ひょっとしたら、それは日本共産党にとっては触れられたくない事実、指摘されたくない過去だったのかもしれません。

筆坂　それだけ反論してくるというのは、日本共産党にしても痛いところを突かれたんでしょう。過去のウゴ・チャベス政権やマドゥロ政権に対して日本共産党が手放しで礼賛していたこと自体はまぎれもない事実なわけだからね。

上念　はい。私が批判したのは「赤旗」に二〇一九年一月三十日付で掲載された『主張』という文章です。そこには『ベネズエラ危機　国民多数の意思による政治を』と題して次のように書いてあります。

トランプ米大統領は今回の事態について、「すべての選択肢が机上にある」と述べました。一昨年8月にはベネズエラに対する「軍事介入の選択肢」を検討していると強調し、中南米諸国からいっせいに反発されました。

国際社会が一致して求めているのは、ベネズエラ国民による平和的な解決です。外国の軍事介入は絶対に許されません。

筆坂　実際に反対派への相当な弾圧が行われているようだね。

日本共産党はマドゥロ政権をなんだと思っているんでしょうか。マドゥロ政権は不正選挙によって誕生した独裁政権であり、反対派の国民を殺しまくっています。

上念　はい。FAES（スペイン語でボリバリアン国家警察特別行動部隊の頭文字を取ったもの）という暗殺部隊があるんですが、この部隊はマドゥロ政権に批判的なデモ参加者をひそかに尾行したうえで住居を特定し、夜中に包囲、突入したうえで皆殺しにするんです。麻薬カルテルも真っ青なノリなんです。女性や子どもも相手でもためらわず撃ち殺してしまう。二〇一八年の一年間で五千人も被害者がいるんですが、単純計算で一日十四人が殺されているわけなんですよ。

もはや人権弾圧どころのレベルではありません。大量虐殺（ジェノサイド）が起きているといってもおかしくありません。

人権弾圧を行うベネズエラ・マドゥロ政権を支持する日本共産党

筆坂　そんな事態になっているのに「平和的な解決を求める」なんて悠長なことをいっているとしか思えないよね。

上念　ニュースサイトの「カラカス・クロニクル」の翻訳記事からベネズエラで起きている事態の惨状を紹介したいと思います（https://venezuelainjapanese.com/2019/02/01/meet-faes/）。

「公式発表の数字によれば、2017年、4,998人が国の治安部隊の手にかかって死んでいる。1日につき約14人の計算だ。この国が直面しているのは、ゆっくりとした虐殺なんだ。中でも、国家警察（ＰＮＢ）の特別部隊が鍵を握っている。この数字でいくと、推定では、１，５００人が国家警察に殺されたといえる。これは国内で起きた殺人の30％に及ぶ数字だ」と、ベネズエラ中央大学の犯罪科学機関の研究者で、ＰＲＯＶＥＡ（引用者注＝人権に関するベネズエラの教育・アクションプログラム）の顧問も務めるケイマー・アビラ教授は説明する。

　1月23日から始まったデモの結果、２０１９年1月26日時点で、推定される死亡者数は最低でも30人。そして約７００人が不当に拘束されている。目撃者たちは、警察による行きすぎた暴力を訴えており、そこでは、いくどとなく犯人はＦＡＥＳだという非難が挙《ママ》がっている。そしてピント・サリナスやペタレ、コティサといったカラカスの低所得者の住む地区全域に展開する、全身黒に身を包んだ男たちの画像や動画は、ソーシャルメディアに広く出回っている。

　この報道だけではありません。一月三十日のＣＮＮの報道によれば、二〇一九年一月二十一日から五日間のデモだけで死者は四十名、拘束された人は八百五十名にものぼっています。

こんな残虐行為を平気で行っている独裁者に向かって、〈ベネズエラ国民による平和的な解決〉だの、〈外国の軍事介入は絶対に許されません〉だの寝言を並べたところでなんの意味もない。むしろ現状を肯定しているのと大差ないわけです。話し合って解決できる問題ならとっくに解決していますし、話し合って解決するレベル以上のことが実際に起きている。そこから目をそらして絵空事を唱えてもまったく意味がない。

話し合いができないから、アメリカは軍事介入も辞さないという覚悟を示して牽制《けんせい》しているわけです。時間をかけて話し合っていたら、反対派は独裁者に皆殺しにされてしまうでしょう。日本共産党の寝言は虐殺のための時間的猶予を与えるいい口実にしかならないんです。

このような背景を踏まえて、私はあえて「日本共産党はマドゥロ側を応援している」という趣旨で、番組内で揶揄《やゆ》しました。それほどベネズエラの人権侵害の状況は悲惨なんです。少なくとも「赤旗」のいうような〈ベネズエラ国民による平和的な解決〉など望むべくもない状況なんです。

筆坂　そのとおりだね。絶望的なくらいに危機認識が全然ない。

上念　それと「赤旗」は〈外国の軍事介入は絶対に許されません〉などと上から目線で語っ

ていますが、そもそも弾圧されている国民側から介入を望む声が出ていることを知らないんでしょうか。

二月二十五日の「ウォール・ストリート・ジャーナル」によれば、〈ベネズエラの野党勢力指導者らが国際社会に対し、ニコラス・マドゥロ大統領率いる政権に対抗するため軍事介入を検討するよう求めた〉と報じられています。また、二月二十七日の読売《よみうり》新聞は次のように報じています。

ペンス米副大統領は25日、訪問先の南米コロンビアで、ベネズエラの暫定大統領を宣言したグアイド国会議長と会談し、「ベネズエラに民主主義が取り戻されるまで、マドゥロ氏に圧力をかけ、経済的、外交的に孤立させる」と述べ、制裁強化を確約した。さらに、コロンビアの首都ボゴタで開かれた米州諸国からなる「リマ・グループ」の緊急会合では、「米国は民主主義への平和的な移行を望むが、トランプ米大統領は『すべての選択肢がテーブルにある』と明確に述べてきた」と述べ、軍事介入の可能性も排除しなかった。

日本共産党はマドゥロ政権に対する批判のトーンをその後、上げていますが、私にラジオで揶揄されて以降の話なんです。

筆坂　相当こたえたんだろうね。

アリバイづくりのために民主主義の回復を申し入れ

上念　でも、いまさらアリバイづくりをしたところでムダなんですよ。二月二十二日には、『弾圧やめ人権と民主主義の回復を―ベネズエラ危機について　志位《しい》委員長が声明』と題して次のような記事を、「赤旗」に恥ずかしげもなく掲載しています。

わが党は、2017年5月、ベネズエラ政府に対し、抗議行動に対する抑圧的措置をただちに停止し、民主的秩序の回復のために責任ある措置をとるよう申し入れた。しかし、その後、事態は著しく悪化してきた。

現在、大きな高まりを見せる抗議運動とそれを抑圧・弾圧するマドゥロ政権との間で緊迫した情勢が続いている。

マドゥロ政権に対し、抗議運動に対する抑圧・弾圧をただちに停止するよう求める。極度に欠乏している食料品や医薬品を早急に提供すること、国連や国際赤十字など外部からの国際人道支援物資を拒否するのではなく、受け入れることを求める。

この記事によれば、日本共産党は二〇一七年五月にベネズエラ政府に対して、さも厳重抗議を申し入れたかのような口ぶりですが、その実態を調べてみると、まったく違うんですね。その抗議内容は二〇一七年五月一〇日の「赤旗」の記事に『緒方《おがた》副委員長　ベネズエラ問題で申し入れ』と題して書かれていますが、以下になります。

日本共産党の緒方靖夫《やすお》副委員長・国際委員会責任者は9日、都内のベネズエラ大使館を訪ね、セイコウ・イシカワ駐日大使を通じて同国政府と与党・統一社会主義党に、政治、経済、社会的危機が深まっている同国の現状に対する懸念を伝え、事態の平和的・民主的解決をはかるよう日本共産党としての申し入れを行いました。イシカワ大使は、自国政府の立場を説明するとともに、率直な表明に感謝し、申し入れの内容を本国に伝えると述べました。

いったい、この申し入れのどこに〈抗議行動に対する抑圧的措置をただちに停止し、民主的秩序の回復のために責任ある措置をとるよう申し入れた〉などというニュアンスがあるんでしょうか。ベネズエラの人権弾圧の実態が世界中に報道されたんで、いちおう抗議しておかないとヤバいと思って付け焼き刃の申し入れをしただけだとしか思えません。

「二十一世紀の社会主義」モデルとして礼賛

上念　実際には日本共産党はこれまで一貫して、マドゥロ政権はもちろん、その前身のチャベス政権が誕生したころから、ことあるごとにベネズエラの政権を礼賛し、国際社会における新しい希望であるかのように持ち上げてきました。言い逃れできないよう、この点についても事実を列挙していきます。

筆坂　ベネズエラは一九九八年の大統領選挙で「貧者の救済」を掲げたチャベスが圧勝し、いわゆる「ボリバル革命」が始まった。日本共産党はチャベス政権が誕生した当初からベネズエラの一連の動きを「二十一世紀の社会主義」と持ち上げて絶賛していたんだよね。

上念　ええ。たとえば『「赤旗」創刊80周年によせて』のなかでは中南米研究者の新藤通弘《しんどうみちひろ》氏の言葉としてこのように掲載されています。

たとえば一般紙は、チャベス政権の革新的政策をベネズエラ社会の歴史的・構造的矛盾の中でとらえることができません。チャベス大統領は、個人的人気取り主義者（ポピュリスト）で、政権にしがみつく独裁者といった見方ですね。その医療・教育などの社会政策も、石油の価格が高いからできるときめつけ、石油価格高騰の前から進めていることを見ていません。

あるいは、「新自由主義の実験場」といわれたラテンアメリカで、それに反対する指導者が相次いで選挙で勝利し政権に就いていることの意味も把握していないようです。ベネズエラ、ボリビア、エクアドルが新しい社会主義を模索しようとしている重要性も見えない。

また、一般紙に欠けているのは民族自決権の視点です。中南米各国の「対米自立」の動きを、民族主権の確立という意味で理解せず、ただブッシュ米政権に対決する「反米政権」としてしか描けない。

新藤氏は「研究者は訴える。私たち研究者は対イラク戦争と日本の加担に再び反対します。」という運動の賛同者に名を連ねる学者で、日本共産党はこの記事はあくまで新藤氏の見解を取り上げただけで党の公式見解ではないと言い逃れをするかもしれません。なので、さらに言及しておこうと思います。

なんと日本共産党の公式のホームページにおいてベネズエラを評価しているんです。Q&Aの「社会主義は失敗した?」という質問に対する回答で次のような記述があります。

いま、社会主義をめざす国ぐには、「政治上・経済上の未解決の問題」(綱領)を持ちながらも、世界史の重要な流れの一つになろうとしています。ベネズエラ、ボリビア、エクアドルでの「21世紀の社会主義」を掲げたソ連型でない独自の条件にあった国づくりの探究も、注目されます。

ベネズエラは日本共産党によると、〈21世紀の社会主義〉で〈世界史の重要な流れの一つ〉ということらしいです。

東大生を相手にベネズエラをほめちぎった志位和夫委員長

上念　日本共産党がチャベス政権誕生直後から一貫してベネズエラを礼賛してきたことは、二〇〇〇年から現在までずっと日本共産党委員長の座にある志位和夫《かずお》氏もいくつかの証言を残しています。

これは志位氏が民主青年同盟（民青）東大駒場《こまば》班が企画した二〇〇四年の駒場祭講演会『「もう一つの世界」への道はここにある！～21世紀の世界、日本の進路を考える～』のなかで話したものです。志位氏がこのように語っています。

　ベネズエラでは1998年にチャベスさんという人が大統領になった革命が起こります。革命と言いましても、選挙で大統領が選ばれて、多数の意思で革命がすすんでいるという革命です。そしてチャベス大統領のもとで、アメリカ言いなりではない自主独立のベネズエラ。石油などの資本を外国資本のために使うのではなくて国民のくらしの向上にあてるベネズエラ。こういう国づくりがすすんでいる。

しかしどこの国にも悪い連中というのはいるもので、革命がすすめば反革命が起こるのです。どういう連中がグルになったかと言いますと、マスコミと労組と財界と軍部とアメリカのCIA（引用者注＝中央情報局）。この五人組が徒党を組んで、クーデターを二回にわたって起こすのです。しかし、二回とも国民がチャベス政権を守ってクーデターをはねのけて前進しているという、この時の生のドキュメントです。

志位氏も絶賛していますが、私は日本共産党がチャベス政権誕生直後からベネズエラを礼賛してきた本当の原因は志位氏ではなく、おそらく日本共産党の「最高実力者」である不破哲三《ふわてつぞう》氏にあると思っています。

なぜ、「最高実力者」不破哲三氏はベネズエラを絶賛したのか

筆坂　そのとおりだと思うよ。日本共産党のそうした判断は、私の経験を振り返ってもいまだに不破氏が握っていて、志位氏がみずから率先して何かを打ち出すことは、まずないでしょうね。

上念　ベネズエラの礼賛も不破氏の主導なんですよね。ボリバル革命が起きた一九九八年は、まだ不破氏が委員長の時代です。

不破氏はことあるごとにベネズエラ絶賛をこれまでに繰り返しています。二〇〇九年四月八日の「赤旗」にも以下の見解を載せています。

「世界を変えた国際的衝撃力」の大きさです。二十世紀後半に植民地体制が崩壊していくなかで、最後に残った事実上の植民地地域がラテンアメリカでした。ベネズエラ革命は、その大陸からこの体制を一掃する転機となり、そのことを通じて、世界の政治・経済の構造を変革する重要な役割を担ったのです。

筆坂　日本共産党は上意下達の組織だから、不破氏と志位氏がこれほどベネズエラに入れあげたら下部組織もそれに従うしかない。というより、トップの意見を丸飲みして宣伝するところがある。

上念　そのようですね。たとえば日本共産党系労働組合の全労連のサイトにも『世界の労働者のたたかい　ベネズエラ　２００５』と題してこんなことを書いています。

1998年に、米国の干渉・支配を排除し、自主的な経済的、社会的発展をめざす政権がベネズエラに生まれ、これにたいする妨害（米国からの干渉をふくめ）がつよまり、2002年にはクーデター事件でチャベス大統領の政権を打倒しようとして失敗した。

筆坂　不破氏や志位氏の主張を鵜呑《うの》みにして好意的に取り上げたのだろうね。

上念　簡単にまとめると、日本共産党はベネズエラのボリバル革命およびチャベス政権の政策をおおむね次のように見ていたようです。

「ベネズエラはボリバル革命によってアメリカの言いなりになるのをやめた」
「石油などの資本を外国資本のために使うのではなく、国民の暮らしの向上にあてた」
「アメリカはベネズエラが気に入らないので妨害、干渉を続けている」

この三つです。そして二〇一三年にチャベス大統領が死去し、当時副大統領だったマドゥロが新たに大統領に就任したとき、マドゥロをこれらの政策の後継者とみなしたわけです。その証拠に、日本共産党は志位委員長から直々に祝辞を送っています。

その内容は、二〇一三年四月一九日の「赤旗」に掲載されましたが、〈あなたが大統領選挙で勝利されたことに、祝賀のあいさつを送ります〉というものです。

チャベス政権の発足から考えると、このように足かけ約二十年間、日本共産党とベネズエラの独裁政権は大の仲よしだったんです。

そして、これほど長期にわたり、ベネズエラと親しくしていたにもかかわらず、日本共産党はチャベス、マドゥロ政権の経済政策が持続不可能であることを見抜けませんでした。

ベネズエラ混乱の原因は経済政策の誤りにあった

上念　ボリバル革命以降、ベネズエラ政府は資源取引の利益を国民にバラまいたが、誰がどう見ても原油価格の高騰だけがその政策を支えていました。原油価格が下がればたちまち利益が圧縮され、バラマキは続けられなくなります。

チャベス大統領が誕生した一九九八年から二〇〇〇年にかけて、原油価格は一バレル二十ドルから四十ドルに高騰しています。その後、ＩＴバブルの崩壊で一時値を下げますが、再び原油価格は上昇し、リーマン・ショック直前には百四十ドルになりました。リーマン・

ショックでいったん原油価格は四十ドル割れまで調整しましたが、その後、二〇一四年の半ばぐらいまでは百ドル前後で推移していました。そして、そこから一年もたたずに原油価格は約半値に大暴落しています。

日本共産党ですら「抗議」せざるをえないほど人権状況が悪化した二〇一七年は百ドル割れから三年が経過しています。つまり日本共産党が礼賛した〈21世紀の社会主義〉とは原油価格の高騰に支えられた幻想だったんです。

そもそもサウジアラビアやロシアなど資源輸出大国は資源価格の暴落に備えて貿易黒字の一部を積み立てています。これらはソブリン・ウエルス・ファンド（SWF）と呼ばれ、国際的な機関投資家として認識されています。

チャベスの政策はこれとはまったく逆なんです。国内産業を次々に国有化することでみずから国際競争力を失わせ、必要なものはどんどん海外から輸入しました。そして国民には補助金をバラまいていました。

この点について経済学者の田中秀臣《たなかひでとみ》氏は二月二十六日に「iRONNA」への寄稿『物価上昇率250万%、ベネズエラ「超インフレ」より怖い反米思想』のなかで次のように指摘しています。

チャベス前政権では、経済格差を根絶しようと、低所得層向けの社会保障の支出を急増させていった。他方で価格統制も行われ、自由な経済活動は損なわれていった。

また近年では、原油価格の国際的下落により、先述の産業構造上、ベネズエラ経済が急速に低迷した。膨張する支出と、経済悪化で縮減する政府収入の中で財政状況が悪化し、そのファイナンスをやがて中央銀行が発行するマネーそのもので行うようになる。つまり「財政ファイナンス」という手法である。これは中央銀行のマネタリーベース（資金供給量）の急増を生む。

これ以前「割高」に維持された為替レート制が、マドゥロ政権誕生の2013年以後、頻繁に引き下げられていったのは、このような国内事情による。ここまでの話を考えれば、米国などの経済制裁が一切関係ないことが分かる。


つまり田中先生が指摘するように、アメリカの経済封鎖によってベネズエラがハイパーインフレに陥ったのではなく、たんなる自業自得なんですね。

もしベネズエラが固定相場制を維持したとしたら、政府は緊縮財政を強いられます。なぜなら固定相場制はその国が保有する外貨を上限として、それ以上の通貨発行を制限するものだからです。お金の量を絞れば当然、これまでのチャベス的なバラマキはできません。マドゥロとしては経済破綻か、チャベス路線の継続か、究極の選択です。そしてマドゥロは政治的な動機から後者を選びます。

原油価格が低迷して外貨を獲得できなければ自国通貨を発行するしかない。固定相場制のルールは踏みにじられ、大量の通貨発行で物価が天文学的に上昇したわけです。こんなめちゃくちゃな経済運営をしていたら当然、国民の怒りは爆発するに決まっています。

もし日本共産党がマドゥロ政権を批判するなら、二〇一四年の原油価格の大暴落前にしておくべきだったんです。二〇一七年にアリバイ的に抗議したのでは遅すぎ。ましてや私にいわれて二〇一九年の二月末から批判のトーンを上げているようでは話になりません。

この件について、「月刊Hanada」に日本共産党の抗議に対する再抗議の論説を寄稿しましたが、日本共産党からリアクションゼロだったんです。

たしかに私はここでも語ったように、「月刊Hanada」への寄稿のなかで徹底的にこれまでの事実関係を暴いていますから、反論のしようがなかったのかもしれません。

筆坂　再び反論したら痛い目にあうと思っているのかもしれないね（笑）。

「自分の頭」で考えられなくなっている共産党員

筆坂　現在のマドゥロ政権は前任者のチャベス大統領から政権を引き継いでいますが、チャベス政権が誕生したときの日本共産党のスタンスがすごく影響していると思う。
　やっぱり、その当時に不破氏がチャベス政権を絶賛したんだよね。だから現在の日本共産党もマドゥロ政権を無下にできないというか、いまだに不破氏がいちばん力を持っているから、その人が絶賛していたことを否定できないんだよね。

上念　そういう構図があるわけですね。

筆坂　結局、チャベスが注目されたときに、もてはやしたのが不破氏だったんだ。そこがすべての発端だね。

上念　過去の記録を見れば明らかですが、ほめちぎっていましたからね。

筆坂　不破氏にとってはチャベス大統領が展開するベネズエラ革命を日本共産党が参考にすべきお手本のように見てしまったんだよね。当時は「共産党もマルクス主義も必要ない。それが、ベネズエラが示していることだ」なんて熱っぽく語っていたからね。

この発言をよくよく考えると、日本共産党の必要性すら放棄しているわけで、そんなことを日本共産党の指導者でいえるのは、実質的にいちばん影響力を持っている不破氏だけなんだよ。もし志位氏がこんな発言をしてしまったら、たちまち不破氏から批判を浴びて撤回しているはずだよ。

不破氏は当時、「共産党がなくとも、マルクス主義がなくとも、社会主義革命を起こせる」とまでいっていた。「この中南米ベネズエラの社会主義左翼政権がそのことを示している」ともいっている。

チャベスは自分について共産主義者だとか社会主義者だとかいっているけれども、別にチャベスが率いていた政党は共産党ではない。マルクス主義を掲げているわけではないんですね。共産党はチャベスの政党とは別にベネズエラに存在しているし、チャベスはみずからの政治基盤強化のために、二〇〇六年にそれまで自分を支持していた複数の政権与党を糾合するベネズエラ統一社会党を結成しますが、そのときもベネズエラ共産党は参加していません。そんな共産党ではない政党について「革命に成功した」と不破氏は絶賛しているわけです。おそらく不破氏は、つい刺激を受けてしまったんだろうね。チャベス政権は反米を掲げていたからシンボル化したかったんだろうね。

それと同時に、冷戦の崩壊以降、共産主義的な要素を持つ政権が誕生するケースがめったになかったからね。

上念 安易に感動しちゃったんですね。

筆坂 飛びついたんだろうね。

でも、チャベスを絶賛したのは、日本共産党にとってはけっこうな転換点でもあったんだ。冷戦時代は中国やソ連などが日本の共産党に干渉してくることが当たり前だった。共産党とは別の党を立ち上げさせようとしたりすることもあったくらいなんだ。それは「一国二党論」なんて呼ばれる考え方だったんだけれどもね。

でも、それに対する日本共産党の主張は「ひとつの国に二つの共産党はいらない。革命の責任を持つのはひとつの共産党でいい」というものだったんだよね。マルクス主義を掲げて革命を主導する政党はひとつの国にひとつでいい、というものなんだけれどもね。この論理を盾にして中国やソ連からの干渉に反対する論陣を張ったのが宮本顕治《みやもとけんじ》氏（故人。日本共産党の書記長、委員長、議長を歴任）や不破氏だったんだ。

上念 チャベスを礼賛することは、その過去の主張と考えると正反対の行為ですね。

筆坂 うん。本当に簡単に引っくり返しちゃって、「マルクス主義なんかなくてもいいんです」といいだしたわけ。

不破氏が二〇〇九年九月に出版した『激動の世界はどこに向かうか　日中理論会談の報告』（新日本出版社《しんにほん》）でもベネズエラのことを非常に評価している。

ラテンアメリカの左翼政権・左派政権は、（中略）どの国でも、政権の主力をなしているのが、科学的社会主義・マルクス主義の立場に立たない勢力だということは、共通しています。しかも、その左翼政権のなかから、「新しい社会主義」をめざすところが、ベネズエラ、ボリビア、エクアドルなど、次々と現われている（略）。

共産党がいないところでも新しい革命が生まれうるし、科学的社会主義の知識がなくとも自分の実際の体験と世界の動きのなかから、さまざまな人びとが新しい社会の探究にのりだしうる時代です。

このようにマルクス主義も共産党もいらないというんだよ。日本共産党の存在意義まで否定しているような気さえする。

でも、さらに問題なのは、不破氏がそういう大胆なことをいっているにもかかわらず、党内から誰も「以前の話と違いませんか」なんていう異論がいっさい出ないんだ。

普通なら「おかしいよ、不破さん。創立以来、自分たちが言い続けてきたこととまったく違うじゃないか」なんて声が出てきてもいいはずなんだ。

上念　自民党（自由民主党）だって、党首が急に路線変更したら、党内から批判が出ますからね。

筆坂　でも、日本共産党だとそれが通ってしまい、誰も疑わない。これは何かといえば、日本共産党に長いあいだいると、自分の頭で考えることがなくなってしまうからなんだよ。

上念　今回の日本共産党からの抗議が話題になったら、元日本共産党の関係者から「志位さんがここでベネズエラを礼賛しています」というようなさまざまな情報が入ってきて紹介し切れないくらいだったんです。

筆坂　志位氏や幹部の連中はあちこちでしゃべっていると思うよ。なぜかといえば、ベネズエラは議会で多数を占めて社会主義の道を歩み始めた国だと不破氏が規定したわけだよね。日本共産党の路線の正しさを証明してくれたのがベネズエラだったわけだからね。

わが「リベラル」からの転向

第2章

「左翼教員」との出会い

筆坂　上念さんはもともと共産党員の教員の影響を子どものころに受けて左翼だった時期もあったそうですね。

上念　はい。私が小学生のときに大好きだった先生は共産党員だったんです。暴力でイジメを根絶する「実行力」のある先生で、生徒からも非常に人気があったことを覚えています。もし、あの先生が生きていて、いまだに「赤旗」を読んでいたら、教え子の名前を「赤旗」に見つけて驚いているかもしれません（笑）。

筆坂　上念なんてめずらしい名前だから気づきそうだね。

上念　じつは、その先生には私が小学五、六年生のときに二年間教わりました。

私はその当時、東京の青梅《おうめ》市にある公立小学校に通っていたんですが、彼からかなり影響を受けました。私が経済や社会問題、歴史などについて興味を持ち、現在のように作家や評論家として活動するきっかけとなった人物といえるくらいかもしれません。

その先生は、なぜか教師としてもペンネームを使って活動していました。

いつも戦後まもない時期に朝鮮人と一緒に活動をしていて、「警官隊に囲まれた」なんていう、いわば「武勇伝」を子どもたちによくしてくれたんです。

筆坂　いまなら政治的に偏向した教師として批判されそうな話だな。

上念　たしかに。ですが、子どもにとっては知らない世界の話ですから、非常に刺激的でした。人間的にも魅力のある先生でしたからね。

どこかに立てこもって警官隊に囲まれながらも朝鮮人の仲間をたくさん助けた話などを披露していましたね。先生がいうには、そのことが北朝鮮政府に感謝され、自分の名前が北朝鮮の首都・平壌《ピョンヤン》の万寿台《マンスデ》にある千里馬《チョルリマ》の銅像のところに刻まれて表彰されているなんて自慢していました。

筆坂　万寿台というと金日成《キムイルソン》と金正日《キムジョンイル》の巨大な銅像などもある北朝鮮でも有名な観光スポットだね。

たしかに日本共産党は昭和二十年代のある時期までは在日朝鮮人の人たちと一緒に活動をしていた時代がありました。日本が終戦まで朝鮮を三十六年ものあいだ併合していたわけだから、それは当然のことでした。

戦後、日本共産党が再結成された際には中央委員に朝鮮人の金天海《キムチョンヘ》が選出されているし、一九四六年に第五回の党大会が行われたころには全国で六千人ほど党員がいたうち、朝鮮人は千人ほどいたそうです。

もちろん現在の日本共産党は日本国籍の所有者でないと入党できないけれども、そのころまでは一緒にやっていたんだよね。それが自然だったんでしょう。

上念　その先生は一九二七年生まれだったんで、終戦当時は十八歳。

もし現在、生きていたら九十二歳。

たしか大学を卒業して学校の教員になったのは二十二歳か二十三歳のころだと思います。そのころの日本は労働運動や労働争議も非常に活発でしたから、さまざまなことがあったんでしょう。

防衛庁職員の子どもを目の敵にする教師たち

上念　その先生はお兄さんが戦前から日本共産党の活動家だったようで、特高の尾行もついていたようなんですね。でも実家はたしか神社の神主だったようで、いわゆる旧家の出身でした。

エスタブリッシュメント階層の子どもが親に反発して共産主義運動に走る典型的なケースだったのかもしれません。共産主義運動というと貧困層出身者が革命を志して身を投じる場合が多いと思われがちですが、意外と知識層やブルジョア出身の人も多いですよね。

筆坂　そうですね。意外と多いんだよね。というより両極端なケースが多くて、ものすごいお金持ちの家の子どもか、それとも極貧で若いときから働いて、そのなかで労働運動に触れて活動に身を投じていくか。

日本共産党の戦前からの幹部に米原昶《よねはらいたる》という人物がいました。衆議院議員を三期ほど務めましたが、彼の実家は非常に資産家だったそうです。

上念　作家やエッセイストとして活躍された米原万里《まり》氏のお父さんですね。

筆坂　はい。米原昶氏の実家は鳥取県でバスやタクシーを運営する日《ひ》の丸《まる》自動車などを経営する資産家で、お父さんは貴族院議員までやっていました。真偽はともかく、最寄り駅を降りて自宅まで米原家の土地だけを歩いて帰れるなんて話を聞いたこともあります。それほどの大資産家だったということでしょう。

上念　その先生からは子どもながらにさまざまな話を聞きました。

当時の共産党員は進駐軍に対して好意的だったみたいで、米軍にもよく出入りしていたなんていっていましたね。当時、闇市で売られていた残飯シチューもよく食べたなんて話もしてくれて、敗戦直後の混乱期のさまざまなエピソードを語ってくれました。

筆坂　進駐軍の食堂から出た残飯をベースに闇市で売られていたシチューだね。当時の都市部の食糧事情はひどく、いまでは考えられないようなものを食べざるをえなかった。

上念　先生は共産党員としても非常に熱心で、家庭訪問のときに子どもたちの親に日本共産党の機関紙「赤旗」の購読の勧誘をするようなところがありました。

筆坂　かなり優秀な党員じゃないか（笑）。

上念　そうです。その教え子の私がいつの間にか「赤旗」で批判されるような時代が来るとは夢にも思ってもいなかったでしょう（笑）。

うちの両親は二人とも防衛庁（現・防衛省）に勤務していたんです。父は防衛庁の研究所で技官として働いていて、母も陸上自衛隊で地図作製などを担当する部署に勤めて、父と同じく技官をしていました。

筆坂　両親が防衛庁勤務なら、日教組（日本教職員組合）の先生からしてみたら目の敵にされたこともあったんじゃないの。

上念　じつは、その先生の前の担任も熱心な日教組の活動家の女性の先生だったんですが、彼女からは案の定、目の敵にされて、いやな思いをしましたね。

筆坂　やっぱり。

上念　彼女はインテリぶっているわりには、やたらと被害妄想というか、怪しい噂《うわさ》みたいなのを信奉していました。「大手菓子メーカーのパンは中国人の髪の毛でできている」とか、「ソースにはヤマト糊《のり》が入っている」なんて子どもにデマを得意気にいう人で、「一般に流通している食品には毒が入っているから生活協同組合で購入すべき」なんてトンデモ話をよくされました。

三年生、四年生のときの担任がその先生で、防衛庁の職員の息子である私を毛嫌いしていますから、相性は最悪でした。おそらく日本社会党の支持者だったと思われます。

ですが五年生、六年生のときの担任の先生は日本共産党だけれどもスケールが大きくて、私の親が防衛庁の職員ということも気にせず、むしろオルグをかけてくるような感じでした。ある意味、その先生からは左翼の英才教育を受けたような状態でしたね（笑）。

「受験産業は格差を再生産するための装置」という妄信

上念　小学生のころにその先生に仕込まれて、「日本を再び戦争に導こうとする悪いやつら（右翼）がいる」とか、「自民党は右翼」とか、「天皇は戦争犯罪人」とか信じ込んでいました。中学生のときには、「受験産業は格差を再生産するための装置であり、〝日帝〟である」という認識だったんで、あえて学習塾に通わずに勉強していましたからね。左翼というか「資本主義的なもの＝格差拡大＝戦争への道」という不思議なロジックに染まっていました。そもそも性格的に人と同じことが嫌いで、既存の価値観に対する反発心、反骨心が強かったんです。

筆坂　一九八〇年代は最も受験熱の強い時期だったから、めずらしいんじゃないですか。

上念　そうですね。受験競争なんてものはとても非人間的なもので、人間に順番をつけて資本主義の尖兵《せんぺい》にするための残虐なシステムだと思っていました。

それに反発するために、絶対に塾には行かないで受験戦争を勝ち抜いて、このしくみの間違いを証明しようと勝手に意気込んでいましたからね。

筆坂　かなり個性的な中学生だね。

上念　のちにそんな私が塾業界で成功を収めるのだから、いまとなっては笑い話ですが、当時は真剣そのものでした。

実際に塾に行かずに、高校受験では私立大学の付属や公立の名門高を受験しましたから。中学三年生のときに新しく赴任してきた国語の先生がいたんですが、その先生に、「上念君は成績がいいけれども、どこの塾に行っているんだ？」と聞かれたことがあったんです。もちろん得意げになって「塾なんて帝国主義だから行っていません」と断言して思いの丈を語りました。

そうしたら、その先生は東京学芸大学卒の元ノンセクトの活動家だったんですよね。就職もせずに教師になるために浪人していた時期に塾でバイトしていた経験があったらしくて、私と左翼同士で意気投合したら、「じゃあ上念君、僕が塾のときに使っていたプリントをあげよう」なんていわれて大助かりでした。

そのかいもあってか、幸い志望校もすべて受かって、学区トップの公立の立川《たちかわ》高校や私立大学の付属高校なども、ひととおり合格したんですよね。

結局、中央大学附属高校に入学するんですが、もし立川高校に入学していたら、あの当時は日本共産党シンパの先生が非常に多かったんで、もっと過激になっていたかもしれませんね（笑）。

認識の歪みを修正してくれたアメリカ留学経験

上念　中央大学附属高校に通ってからも元民青の先生がいて、この先生とも意気投合したんですよ。

その先生は学生時代に七〇年安保などを経験していたんで、当時の話はもちろん、現在の世界の情勢など、いろんな話を聞きました。

学校自体も学生運動の影響を受けていて自由な校風の学校だったんです。だから居心地が非常によかった。

学生運動の前は男子校で厳格な学校だったんですが、学園闘争を経て校則がほとんどない自由な学風の学校になったんですよね。ホームルームがなくて、始業時間が午前九時で、私服もＯＫだったんです。

そんな自由な学校だったんですが、その先生から「俺たちの時代にこの高校を変えたんだ」みたいな話を聞いてさらに影響を受けましたね。「もう革命を起こさなきゃダメだ」なんて考えていましたから。

筆坂　一九八〇年代といえば、すでに学生運動は下火だったわけだから、上念さんはめずらしかったんじゃないですか。

上念　同級生にそんなノリのやつは全然いませんでしたから、周囲からもすごく変わった人間だと思われていましたね。「教祖」なんてあだ名がついていました。

しかも一九八〇年代の前半ではなく中盤から後半にかけてですからね。私が高校に入ったのが一九八五年で、一年留学していたから、卒業したのが一九八九年です。

一九八七年一〇月一九日にはアメリカのニューヨーク証券取引所を発端に起こった史上最大規模の世界的株価大暴落のブラックマンデーが起きました。ちょうどそのとき、私はアメリカに留学していました。

いまでも記憶がありますが、その日の朝の一限目が留学生や移民など英語を母国語としない生徒向けの英語の授業でした。担当の先生がすごく動揺していて、「株価がめちゃくちゃ下がっている！　これは大変だ!!」なんて青い顔でいっていました。

でも自分はアメリカにいても心は真っ赤な共産主義者ですから、何も考えずに「俺は株を持っていないから関係ないもん」みたいに笑って聞いていました。

実際はすごく関係あるわけですよね。自分の親の給料にも関係しますし、年金などにも関係がある。いまならすぐにそう考えますが、当時は「株を持っている悪い資本家たち、帝国主義のやつらが痛い目を見ているから、ざまあみろ！」みたいな気持ちでしたね。

留学先はニューヨーク市に隣接するニュージャージー州だったんですが、当時はリベラルな雰囲気もなく、「ゴッド・ブレス・アメリカ」をよく耳にしましたよ。

ニュージャージー州のホームステイ先の街はほとんど白人ばかりで、ユダヤ人が多い地域でした。通った高校には黒人も少しだけいましたが、ほとんどはスポーツの特待生として近隣から越境入学している生徒ばかりなんです。

だから、ほとんどが白人メインなんですが、私は日本人ということで、とくに学力別のレベルが高いクラスに配置されました。

そのクラスもやはりほとんどがアジア人かユダヤ人ばかりなんですよね。アジア系の内訳は、日本人は自分ひとりで、あとは日系人がひとり。それと母親が日本人の子がひとりいたくらいで、それ以外はほとんどが中国系でしたね。韓国系はいませんでした。

留学する前の私の価値観では、アメリカの東海岸のニュージャージー州ですから、国際金融資本のド真ん中、悪の資本主義の巣窟に乗り込んでやったくらいに思っていたんですが、いろんな刺激を受けて、やはり日本についてもう一度、よく考える機会を得たと思います。

留学する前は男子校でバカな活動ばかりやってきたのに、共学校に通ったということと、親元を離れたということ、日常のコミュニケーションが英語になったという三重苦にはまいりましたが、自分が日本にいたころとは異なる環境で暮らしたことによって視野が広がりました。

「リベラル派」のヤジを軽く一蹴した中曽根康弘元総理

上念 あと、アメリカで総理大臣を退任したばかりの中曽根康弘《なかそねやすひろ》氏にも会ったんですよ。その体験も刺激的なものでした。

筆坂 中曽根氏は一九八七年の一一月に総理大臣を退任しているから、その直後だね。

上念 ええ。総理大臣退任後、ニュージャージー州の州立大学に記念講演に来ることがあって、当時のホスト・ファミリーが教えてくれたんですよ。「せっかくだから、講演を聴いてきたらどうだ？」っていってくれたんです。

ちなみに、このときのホスト・ファミリーはキューバ系アメリカ人だったんです。私のことを世話してくれたお父さんとお母さんは中学生くらいのときにフィデル・カストロによるキューバ革命によってキューバを追われてアメリカに亡命してきたんですよね。

革命前のキューバでは富裕層だったようなんですが、すべての財産を取られてアメリカに逃げて頑張っていた人たちだったんです。

だから、もちろん反・共産主義者で、共産主義やキューバ革命の問題点を吹き込まれました。共産主義びいきだった当時の私にしてみたらすごくショックなことでしたね。「マジかよ！　革命の被害者がいるのか」みたいな気持ちになりました。

ホスト・ファミリーからは「絶対、キューバには行くなよ」なんていわれましたけれども、でもこのときはまだかなり共産主義的な考え方も持っていましたから、「搾取していたからやられただけだろう」と思っているところもあって、完全に共産主義を否定するほどではありませんでした。

そのホスト・ファミリーは亡命キューバ人の多いマイアミに親戚がいるんですけれども、みんなお金持ちだったのに追い出された人ばかりだから、彼らが集まると、決まってカストロやキューバ政府の悪口ばかりいっているんですよ。それだけいやな体験をしてアメリカに来ているんですよね。

そこでもショックを受けて、それで中曽根氏の話を聞きに行くわけなんですが、当時はまだ新左翼にもちょっとだけ勢いが残っていた時代で、講演が始まるタイミングで会場に乱入してきた活動家がいました。「中曽根、恥を知れ！」みたいな横断幕を掲げていましたよ。でも、すぐに屈強なガードマンに連れ去られていきましたが。

筆坂　一九八〇年代は、まだ新左翼も活発なところがあったからね。

上念　中曽根氏はさすがなもので、そんなアクシデントがあっても、「若い人は元気があっていいね」なんてジョークで、その場の笑いをスムーズに取って和ませていましたね。

そのときに中曽根氏だけでなく世界的に有名なファッションデザイナーの三宅一生《みやけいっせい》氏も一緒に来ていらして、日本の文化についての講演をしていたんです。

それでランチの時間にカフェテリアに行ったら、幸運なことに三宅氏とお会いすることができて、少し話をさせてもらいました。すごくラッキーな経験でしたよ。

やっぱりアメリカに行くと、日本のことについてもまた違う視点から考えることができました。

それで日本に帰ってきて中央大学に進学するわけなんです。

それで中央大学は、いまもそうですが、法曹の養成では歴史がありますから、法学部に入って、「弁護士になって、独立して、弱者のために頑張ろう！」みたいな気持ちでいましたね。

筆坂　かなり熱かったんだね。

上念　貧しい人たちのために手弁当で裁判を戦う人権派弁護士をイメージしていましたね。金融資本などに対しては悪いイメージを持っていたくらいですから。

入学後は、最初は中央大学の司法試験対策をする学研連というサークルにでも入ろうかなと思っていたんです。

でも、そのサークルには入会試験みたいなものがあって、その試験の結果が出る前にクラスコンパの飲み会があって、そこで私がのちに入る中央大学辞達学会《じたつがっかい》という弁論団体に所属していたやつらと出会うんです。

彼らがそのコンパの席でなんだかすごく迫力のある自己紹介を披露したんですよね。それでちょっと刺激を受けて自分も入ってみようかなと思ったんですよ。

衝撃が走ったというか、自分が高校のころから社会問題などに興味がありましたが、正直、周囲から浮きまくっていました。だから、そういうものに興味を持つ同年代の人間に初めて遭遇したような気がしたんです。

それで辞達学会に通い始めたら、そちらが性に合ったらしく、司法試験への興味はいつの間にか失《う》せてしまったんです（笑）。

でも辞達学会ではいろんな考え方の学生と交流することができてよかったですね。

現在、自民党で活躍している代議士から、立憲民主党所属の代議士、いわゆる左寄りのメディアで新聞記者として活躍している人などがいて、議論が非常に活発でしたね。

宗教も熱心な創価学会《そうかがっかい》員から幸福の科学の会員までさまざまでした。なかには大学生ながら当時フィクサーとして有名だった某大物右翼の事務所で秘書として働いている先輩もいましたね。

当時、ジャーナリストの田原総一朗《たはらそういちろう》氏が「大東亜《だいとうあ》戦争は侵略戦争だった」と発言して九段《くだん》会館で右翼に取り囲まれた事件があって、写真週刊誌に現場を撮られていましたが、その囲んでいる写真に先輩が写っていましたね。

自分自身、それまではかなり共産主義的だったんですが、この団体でいろんな考え方の学生と交流し、世の中にはいろんな考え方があることを知りました。脱洗脳が徐々に進行し、私は少し中道寄りになっていきました。

私が左翼をやめるきっかけとなった「ダメ演説」

上念　私が辞達学会に所属していたころ、うちの部が主催する弁論大会である花井卓蔵《はないたくぞう》杯争奪全日本雄弁大会に、弁論部でなくても誰でも参加することができるオープンエントリーの時期があったんですね。

大学二年のとき、その大会に民青のメンバーが応募してきたことがありました。「赤旗」に書いてあるような日本社会の現状についての批判などをしゃべるんですね。「私たちは〝何か〟をしなければいけない」なんていって。

筆坂　いかにもな、日本共産党チックな演説だね。

上念　それで聴衆からは壇上の民青の弁士に対して、「じゃあ、お前は何がしたいんだ」とか、「その〝何か〟を具体的にいってみろ」なんて野次がバンバン飛ぶんですね。

でも、その民青メンバーの演説は、どんなに野次が飛んでも、最後まで具体的な解決プランはいっさいいわないで、批判一辺倒のままなんです。日本共産党のスタイルは変えません。

結局、批判だけで何もいわないまま終わるから、最後のほうは周囲から飽きられていましたよ。

演説をしたあとに質疑応答の時間があるんですが、そのときにも、「〝何か〟ってなんですか?」「何かプランはないんですか?」なんて質問されても何もいえないままでした。見ているこっちまでかわいそうになるくらいでした。

口では問題意識があるかのようにバンバンいうけれども、いざ、「どうやって解決するか」と尋ねられると「グヌヌ……」となってしまう。これは、いま、ネットなどで「パヨク」といわれる人たちが一瞬で論破されちゃう場面とほとんど変わらないわけですよ。

逆にいうと、三十年進歩がないんだな、同じことやっているんだな、と思ってしまいます(笑)。

結局、箸にも棒にもかからず終了みたいな感じだったんですが、そんなフルボッコにされてしまった彼でも、たぶん中央大学の民青のなかでは優秀なほうだったでしょうからね。エースとして出てきたわけでしょうから。

辞達学会でいろんな同級生と交流するなか、大学三年生のころ、一九九一年にソ連の崩壊があったんです。やっぱりソ連の崩壊には影響を受けましたね。共産主義にも問題があるとはっきり自覚するきっかけになりましたから。

少しずつ視野や世界が開けてきて、かつて先生がいっていたことだけじゃないんだと思うようになりましたね。

結局、その後、経済の勉強をして自分の誤りに気づきました。経済は実験ができないんで、過去の歴史について勉強します。その過程で戦前の日本には普通選挙も政権交代も言論の自由もあったという衝撃の事実に気づいてしまったんです。軍部という悪いやつがつくった「日帝」は、いまの北朝鮮みたいに自由のない国だと思っていたのに。経済の勉強を通じて左翼的歴史観が事実に反することに気づき、共産主義への幻想を完全に捨てることができたんです。

筆坂　そこまで到達するのが長かったんだね。まあ、長いあいだ共産党員だった私がいえた義理ではないけれども。

上念　子どものころから考えると二十年以上かかりましたが、検証した結果、やっぱり「共産主義は違う」と、自分から足を洗ったような感じですね。

日本共産党の内部では何が起こっているのか

第3章

筆坂秀世が日本共産党に入党した理由

上念　筆坂さんは、どういう経緯で日本共産党に入党されたんですか。

筆坂　私が日本共産党に入党したのは一九六七年二月。十九歳の誕生日の直前だったかな。高校を卒業して三和《さんわ》銀行（現・三菱《みつびし》ＵＦＪ銀行）に入行して一年足らずあとのことだったかな。青年期というのは自分の存在意義がつかめず、なんのために生まれてきたのかなどと悩む時期ですよね。実際、札《さつ》勘定とソロバンの毎日で、「このまま人のお金を勘定して一生を終えていくのか。つまらない人生だな」なんて思っていたんだ。

そのときに銀行の支店の先輩から日本共産党の指導を受けることを規約で明記している民青のパンフレットを渡されて、そこに「世界は平和、民主主義が花開く社会進歩の方向、社会主義の方向に大きく動いている。この流れのなかに身を投じて、生きがいのある人生を歩もうではないか。社会を変革し、進歩させるのは君たちだ。君たちが社会の主人公なのだ」という趣旨のことが書いてあったんだ。その文章に影響を受けてすぐに民青に加盟、その半年後には日本共産党に入党していたよ。

その当時は入党する際に記入する入党申込書に「入党の決意」なんて項目があって、入党を決意した理由などを書いたんだけれども、そのなかに「権力との関係」と題した欄があったんだ。要するに身内に警察や自衛隊員、防衛庁の関係者などがいないかどうかを書く欄があったわけです。スパイ対策の意味合いもあったんだと思う。

上念　公安関係者などの入党を警戒していたわけですね。

筆坂　そうだろうね。入党してから正月休みに帰省して日本共産党に入党したことを自慢そうに話したら、両親からも姉からも、全員から反対された。私は五人兄姉弟のいちばん下だったんだけれども、当時は貧しくて高校には私しか行けなかった。だから親としてはせっかく銀行で働いている自分に余計なことはしてほしくないと思ったんだろうね。

でも、当時の自分は前向きだったから、「なぜ、わが家がこんなに貧しいのか。社会のしくみが間違っているからだ」なんて乏しい知識で必死に説得しようとしたんだ。

上念　ご両親としては、やめてほしかったんでしょうね。

筆坂　そうだね。やっぱり日本共産党に入ることは、けっこう勇気が必要だったよ。

入党届のほかにも綱領や規約などについて、どのように思っているのかについて記載する欄もあったかな。

いまはそんなことはなくて、シンプルな入党申込書だと思うけれどもね。

上念　プライバシーや個人情報に厳しい現在では問題になりそうな気もしますね。

筆坂　いやいや。日本共産党のホームページを見ると、〈18歳以上の日本国民で、日本共産党の綱領と規約を認める人は、党員になれます〉とあるので、じつにシンプルです。ただ、どれだけの人があの長文の綱領と規約を読んでいるか疑問です。多くは入党してから綱領の学習をさせられているのですから。

『共産党宣言』すら読んでいない日本共産党の国会議員

上念　「週刊新潮《しんちょう》」に男性との路チュー写真を撮られて話題になった吉良佳子《きらよしこ》参議院議員なんて、『資本論』はおろか、『共産党宣言』も読んでいないとメディアに平気で公言していましたからね。

日本共産党に所属する国会議員が党の存立に関係する古典的な文献を読んでいないことを公に発言するなんて、昔だったらありえない話で、驚きました。

私が影響を受けた先生もご存命ならあきれていると思いますよ。そもそも国会議員なのに自分が無知であることを恥ずかしいという見識がない時点で問題だと思いますが……。

筆坂　あれには私もびっくりしたね。『資本論』はたしかに長いけれども、『共産党宣言』はそんなに分厚くないからね。文庫で百二十ページくらいの本だから、それすら読んでいないっていうのは驚きだったよ。一日あれば読める本だからね。ただ、いまの共産党員にとっては読む必要がない本でもあるんでしょう。

上念　かっての日本共産党の国会議員は国会の質問などで時の政権をタジタジとさせることもあり、自民党の議員からも称賛されたり注目されたりすることはたくさんありました。その時代に比べると時代も変わったもんですね。

中曽根氏は戦後の日本共産党を率いた宮本氏との国会での論戦を非常に評価し、楽しみに対峙《たいじ》していたと明かしたほどです。

ですが、最近では吉良氏のようなパフォーマンスありきの議員が日本共産党にも出てくるようになって、政府に理づめで鋭く迫る議員は減ってきたような気がします。

野党の質問自体がテレビを意識したものばかりで、騒ぐことが前提になっている影響もあるんでしょう。

ですが、『共産党宣言』なんて読もうと思えば一日、二日で読める長さで、別に共産主義者じゃなくても古典として読んでいる人はたくさんいる本です。そんな人が国会議員になれるんだから、本当に候補者になるハードルも下がっているんでしょうね。

筆坂　吉良氏は父親が高知県の県議会議員だから二世議員みたいなところがあるんだよね。そもそも、いまの若い人はそういう文献を読もうとしないんだよ。

私たちのころは独習指定文献という制度があって、必死に日本共産党がすすめる文献を読んだものだよ。この独習指定文献という制度は一九六二年に当時、日本共産党中央委員会書記長だった宮本顕治氏によって始められたもので、カール・マルクスの『資本論』、ウラジーミル・レーニンの『唯物論と経験批判論』、宮本氏の『日本革命の展望』（新日本出版社）などが指定されていたね。

もちろん中身は難解でさっぱりわからないことが多かったけれども、ともかくわからないけれども読もう、読破しようという姿勢はあったから、若い党員たちで学習会を実施して議論したよ。この制度は二〇〇四年に廃止されたから、吉良氏のような若い世代はそういう文献に触れること自体がほとんどないんだろう。

だから現在ではマルクス・レーニン主義って言葉を聞いても「なんのこと?」って顔をしている党員もいるんじゃないかな。国会議員ですらそうなんだから。

何をどうすればいいのかよくわからない「不破綱領」

上念　かつての日本共産党といえばインテリや論客がいたイメージですが、そういう知性はないわけですね。

筆坂　そうだね。それと日本共産党の綱領や規約も私が入党したときとは大きく変わってきたんですよ。私が入党したときの規約には、〈党は、マルクス・レーニン主義を行動の指針とする〉と明記されていた。それが一九七〇年の第十一回党大会で〈マルクス・レーニン主義を理論的基礎とする〉に変更された。さらには一九七六年の第十三回臨時党大会で「マルクス・レーニン主義」という呼称が「科学的社会主義」と言い換えられた。

二〇〇四年一月に不破氏の指導のもとで大幅に改定された現在の綱領では、ロシア革命の叙述のなかでレーニンとヨシフ・スターリンの名前が出てくるだけで、科学的社会主義の創始者とされてきたマルクス、フリードリヒ・エンゲルスの名前なんていっさい出てこない。だから、マルクスもエンゲルスもレーニンも、知らない共産党員が若い人を中心にいっぱいいるのもしかたないことだと思う。

現在の綱領に、社会主義についてはこのように書かれているんだ。

これまでの世界では、資本主義時代の高度な経済的・社会的な達成を踏まえて、社会主義的変革に本格的に取り組んだ経験はなかった。発達した資本主義の国での社会主義・共産主義への前進をめざす取り組みは、二一世紀の新しい世界史的な課題である。（中略）

社会主義的変革は、短期間に一挙におこなわれるものではなく、国民の合意のもと、一歩一歩の段階的な前進を必要とする長期の過程である。（中略）

日本における社会主義への道は、多くの新しい諸問題を、日本国民の英知と創意によって解決しながら進む新たな挑戦と開拓の過程となる。

要約すると、二十一世紀の課題なのだから、あと八十年はかかるといっているのと同じなんだ。

上念　最強の先送りですね（笑）。

筆坂　選挙を通じて「一歩一歩」ということだから、選挙に負ければまた資本主義に戻るということなんだよ。

上念　ずっと行ったり来たりを繰り返すわけですね。

筆坂　それと、いちばん大事な、かつての国有化を表す「生産手段の社会化」については、〈生産手段の社会化は、その所有・管理・運営が、情勢と条件に応じて多様な形態をとりうるものであり、日本社会にふさわしい独自の形態の探究が重要である〉といっているんだよね。

要するに、「どうなるのか、どうしたらいいのか、よくわかりません」ということが綱領に書かれているわけ。

上念　研究中です、みたいな文章ですね（笑）。

筆坂　そのとおりなんです。

革命を起こす元気もないほど高齢化した党員たち

上念　現在、日本共産党に入党する人は、どういう人が多いんですか。

筆坂　昔は社会問題に関心を持った若い人などが意欲的に入党したものだけれども、現在では生活保護の相談や公営住宅の入居相談などの陳情を日本共産党の地方議員に処理してもらって、その縁で入党したりするケースも多いんだ。

上念 いわゆる「口利き」ですね。

筆坂 だから、別に「活動家になろう」とか「共産主義革命を起こそう」なんて意欲的に入党する人はいない。お世話になった人たちの後援会か何かに入るくらいのつもりなんだよ。こういう人ばかりとはいわないが、こういう人が少なくない。だから党員が増えても「赤旗」の部数は減るという奇妙な現象が起こる。いま、党員数より部数のほうが少ないんじゃないかな。かつてはそんなことはありえなかった。党員なら日刊紙や中央理論政治誌の『前衛』は誰でも購読していたもんですよ。そもそも勧誘するほうも実際に共産主義革命が起きるなんてもはや信じてないんだから、当たり前だよね。

私がかつて活動していた時代も、「○○さん、『赤旗』を取ってください」なんて頼むと、「もう私は目が見えませんから、新聞は……」なんてケースがいっぱいあったよ。そのくらいの高齢者でも入党してもらえれば一名入党の勘定にはなるわけだから、とりあえず勧誘するわけだよ。なかには入党したとは思っていなくて、地元の区会議員の後援会に入ったくらいに思っているんだよね。それが実態なんだ。

上念　むしろ暴力に耐えられないような人ばっかりなんですね。

筆坂　そう（笑）。だって、平均年齢がほぼ還暦の革命政党なんて、おかしいでしょう（笑）。以前、夏の暑い時期に志位氏が演説しているところに集まった支持者のおじいさんたちが、暑すぎて歩道に座り込んじゃったことがあってね。

それを警察官が「ここは歩道です。立ってください！」なんて注意したら、おじいさん、おばあさんたちが「ワシらが死んでもエエのか！」と反論して警官もあきらめたという話を聞いたことがあるよ。

上念　高齢化がハンパじゃないですね。

筆坂　この話だって十数年も前の話だからね。いまはさらに高齢化が進んでいると思うよ。以前は「赤旗」に党生活欄なんていうページがあって、日常の党活動について紹介していたんだけれども、青年を対象にした「党を知る会」について紹介している写真を見たら全員白髪のおじいさんやおばあさんばかりで、若者なんてひとりもいない。

思わず「赤旗」の編集部に連絡して、「なんでこんな写真を載せるんだよ。若者が誰もいないことがバレてしまうだろ」って注意したくらいだもの（笑）。

上念　筆坂さんの現役時代ですらそうだったんですね。

筆坂　とにかく悲惨だったよ。私は三十年くらい前の中選挙区時代に東京一区（千代田《ちよだ》区、新宿《しんじゅく》区、港《みなと》区）の候補者として活動していたんだけれども、そのときに民青の会合に来る若者が港区全体で十数人くらいだったからね。しかも少なくない子が引きこもりとか不登校で全然覇気がないんだよ。

かつては民青もすごく勢いがあってね。私が十八歳のとき（一九六六年）には全国に二十万人くらいいいた。

当時、私は三和銀行の行員だったんだけれども、東京の都市銀行だけで千人の同盟員がいたんだ。三和銀行も多かったけれども、三井《みつい》銀行（現・三井住友《すみとも》銀行）もかなりの規模だったね。

そのときに比べると組織は見る影もないほどに縮小、後退しているんだよね。

なぜ、日本共産党では選挙で幹部を決めないのか

上念　日本共産党は委員長の在任期間が非常に長いですよね。志位氏がすでに十八年、不破氏も同じくらいで、その前の宮本氏も書記長時代を含めれば二十年以上ですからね。

筆坂　結局、ちゃんとした代表選をするしくみがないから、党内に非主流派みたいなものも生まれないし、その代わりに活発な議論もない。

上念　先日、とあるBS放送の報道番組でゲスト出演していた小池晃《こいけあきら》書記局長が、女性アナウンサーから「共産党の委員長選挙というのは行われているんですか？」と聞かれてしどろもどろになっていた場面がありました。

よく安倍晋三《あべしんぞう》総理の長期政権を批判したりしているわりに、自分のところのほうがひどいわけですよね。そんな政党が安倍総理の任期延長を批判するのだから、どの口がいうんだよという話ですよ。

筆坂　そうなんだよね。自民党の総裁選などに比べたら、日本共産党の代表者選びのほうが全然民主的ではない。

でも小池氏がしどろもどろになるのも、彼の立場を考えたらしょうがない。自分もそうやって書記局長に選ばれているわけだから。批判的なことなんて、もちろんいえないよ。

日本共産党の規約のなかでは、いちおう選挙で選ぶことになっているんだけれども、非常に複雑というか積み上げ式のしくみなんだ。

まず日本共産党の党本部は「中央委員会」と呼ばれていて、その下に全国四十七都道府県の県庁所在地に都道府県委員会というのが置かれている。

その下に「地区委員会」という組織が置かれている。東京二十三区などはそれぞれにあり、政令指定都市などの大都市の場合はいくつかに分割して、人口が少ない市町村などは複数の行政区を一括して地区委員会が置かれているんだ。

さらに、この「地区委員会」の下に「支部」という組織がある。かつては「細胞」と呼んだんだけれどもね。

この「支部」は地域、企業内、官公庁内、大学などさまざまなところに存在している。三人以上の党員がいれば支部をつくることができ、多くの党員がいる支部では支部長や副支部長などが選出されて支部委員会がつくられる。

このような「中央委員会」「都道府県委員会」「地区委員会」「支部委員会」を日本共産党は「指導機関」と呼んで、ものごとを執行する機関と位置づけている。

この指導機関のメンバーの選出は規約によって選挙で選出することになっている。中央委員は全国から代議員が集まって行う党大会、都道府県は都道府県党会議、地区委員は地区党会議、支部委員は支部総会でそれぞれ選挙によって選ばれる。

ちなみに日本のほかの政党は毎年一回は党大会を開いているけれども、日本共産党の場合は二年、または三年に一回は開くことになっている。

このしくみを選挙と日本共産党では呼んでいるけれども、自分から立候補するわけではないんだ。みんな推薦されて選ばれることになっている。

上念　それじゃあ、北朝鮮と大差ないじゃないですか（笑）。

筆坂　そう。対立候補がいて、議論して、どちらの方針がいいのかを争うわけではないんだよ。

するうと、支部の実態といえば、多くの支部が未結集党員といって、籍はあるけれどもほとんど参加しない党員や不熱心な党員を抱えている。こんな支部の支部長になれば、責任だけ重くのしかかる。たとえば支部委員や支部長になったりすると地区の会議に参加して先頭に立って活動しなければいけなくなる。中央委員会の決定なども早めに読まないといけないんだ。

だから、ほとんどの人がいやがって押しつけ合うのが実態なんだよね。それを指導に入っている地区委員が必死に説得したりするんだよ。

地区委員や都道府県委員を選ぶときには改選前の地区委員会と都道府県委員会が定数枠いっぱいの候補者推薦名簿を作成して○×方式で投票するんですね。最高裁判所判事の信任投票に似たような形式なんだ。

でも日本共産党というのは基本的に横の連携は禁止されているんだ。だからAという企業の党員をBという企業の党員は知らないし、ある役所の党員が誰なのかを企業の党員は知らない。組織防衛のためにこうしている。秘密結社の名残というか、いまもその傾向を色濃く残しているということなんだよ。この知らない人を選ぶのが地区委員選挙なんだ。だから信任するしかないんですよ。どこの誰なのか、どんな人なのか、ほとんどわからずに選ぶんだから、めちゃくちゃなんだよ。

上念　必ず上部団体を経由しないといけないんですよね。

筆坂　横の連携は分派活動につながるという側面もある。結局、いちばん表に出ている地方議員とか地区委員会の委員長などに不信任票が少し集まるだけで、推薦された人はみんな信任されるわけ。まともな選挙じゃないんだよ。

中学校の生徒会長選挙のほうが、はるかに民主的なんだ。

これと同じことを党大会の規模でもずっとやっているんだ。党大会で選出される中央委員は二百人くらいいるんだけれども、国会議員もいれば全然知らない人もいる。選びようがないんだよね。

結局、選挙といっても、推薦がなければ候補者になれず、誰かわからない人に信任投票するだけだから、選挙をしているということもデタラメ、虚構なんだよね。

「民主集中制」＝トップの意向ですべてが決まるシステム

筆坂　中央委員を決めると、選出された中央委員たちが幹部会や中央委員会総会を開く。そこで中央委員会議長や幹部会委員長、書記局長などの役職が選出されていく。

私も幹部だったころには議長（現在は置かれていない。規約上は「中央委員会議長を選出することができる」とされており、必置の役職ではない）や委員長を選出する中央委員会総会に何度も出席している。

ここでは、その都度、当時のトップが自分で自分を議長や委員長に選出するという「脚本どおりの猿芝居」が行われていたんだ。

宮本氏がトップだったころのことだけれども、第一回中央委員会総会が開かれる段階では、まだみんなが中央委員でしかなく、横並びの状態なんだ。議長も委員長ももちろん司会進行役も決まっていない。

中央委員であれば誰もが「私が議長をやります」「私が委員長をやります」と立候補する資格はあるはずなのだが、そうはならない。

トップの宮本氏が、まず「さて、どうしましょうか」みたいな調子で議長席につき、「私が仮議長を務めていいですか」と発言すると、いっせいに「異議なし！」という声が上がるんです。そうすると宮本氏が「では中央委員会議長をどうしましょう」と問いかけるんです。そうすると宮本氏の意を酌んだベテランの中央委員がサッと手を挙げて「宮本顕治同志を推薦します」と発言し、またまたいっせいに「賛成！」という声が上がるという調子です。

それで宮本氏が議長に選出されると、宮本氏がみずから「私のほうから幹部会委員長、書記局長を推薦していいですか？」と切り出して、それが拍手で確認されると、「では幹部会委員長に○○同志、書記局長に○○同志を」と推薦し、それを拍手で確認という調子で順次決まっていく。最近はこんな猿芝居のようなことをやめて、前期の常任幹部会という最高幹部の会議で次期の三役などの役職を提案するようにしているようです。

どっちにしても、議長、幹部会委員長、書記局長などのトップが幹部人事を決めており、「選挙で選ぶ」という規約とは大きく乖離《かいり》している。

結局、最も権力があるトップの提案が否決されることはなく、全会一致で決まってしまう。党大会までにはすべての役職が決まっているわけで、もう談合みたいな決め方なんだよね。

上念 トップの意向ですべての人事が決まるというしくみになっているんですね。普通は開かれた政党の党首選挙なら、何人かが立候補して方針を演説し、討論会くらいやって、そのあとに選ぶもんですからね。そんな人たちが「自民党総裁選は談合だ！」なんて批判しているのはおかしな話ですね。

筆坂 本来、批判できるわけがないんだよ。任期があって、一般党員にも投票権がある自民党総裁選のほうが、まだ立派なしくみなんだから。

国会議員より実質的に偉い「党専従」

上念 日本共産党は国民から選挙で選ばれる国会議員より偉い人がいたりするんですよね。

筆坂 かつての宮本氏、現在でいえば不破氏がまさにその立場だね。志位氏より実質的には偉いわけだから。

上念　党の専従で出世した人が国会議員より偉いケースがあるんですか。

筆坂　あるよ。そういう組織なんだ。

たとえば、ある特別区の地区委員長はその区の区議とか都議候補より偉いんだよね。誰が候補者になるのかを選ぶのは、その地区の委員長だから。

上念　でも実際に有権者と接する機会は区議のほうが多いわけですが、不満に思わないものなんですか。

筆坂　思わないんだよ。公認してもらっているという立場だからね。「文句をいうなら公認しないよ」といわれたら一巻の終わりなんだよ。

自民党の地方議員などは個人の後援会がしっかりしているから無所属になってもちゃんと当選できるけれども、日本共産党の公認候補は公認が下りなかったら、その時点で普通は当選しないからね。

たまに除名された地方議員が無所属で出馬しているけれども、ほとんど落選しているよ。日本共産党の組織の応援がなくなっちゃうわけだからね。

国会議員だって、いまは比例の議員ばかりだから、もちろん公認をもらわないと当選できない。無所属で当選できる議員なんてひとりもいないよ。

上念　有権者からの判断には重きが置かれていないわけですね。志位氏も小選挙区制度が導入されてからは比例区にしか出馬していません。ずっと党首でいるのは、ほかの政党ではありえないことで、すごく歪《いびつ》だなあと思います。

筆坂　議会政党としては正常なかたちではないんだよね。そもそも普通の政党は党首が第一院である衆議院議員から選ばれている。

でも日本共産党は一九五八年八月に書記局長に就任してから引退するまでずっと宮本氏がトップで、国会議員だったのはそのうちの二期、参議院議員を務めただけだった。

本来は有権者に選ばれてナンボなわけだから、政党のあり方としてはおかしいんだよね。

上念　現場の叩《たた》き上げの党員と上から目線の東大出身者では圧倒的に東大出身者のほうが力がありますよね。

筆坂　昔は東大出身者が幅をきかせていたけれども、今後は変わってくるかもしれない。そもそも東大出身者が減ってきているからね。

人材の供給先だった東大の自治会も二〇一二年に日本共産党系の全学連を脱退しているから、若い学生党員も減ってきていると思う。志位氏は東大だけれども、小池氏は東北大の医学部出身だからね。

地方選挙で「安倍政権打倒」「消費増税反対」を訴えるトンデモぶり

筆坂　本当は、党員は自分で考える能力を持たないとダメなんだ。日本共産党は組織政党で民主集中制だから、組織はガッチリしている。

上念　自民党だって最近では創価学会がいないと選挙できなかったりしますからね。

筆坂　一般の共産党員は基本的に党中央の打ち出した方針に対して疑問を持ったり、異論を唱えたりすることはしない。しかし、その範囲でとどまっているのでは自分の頭を使わなくなってしまう。そうすると老化していくよ。だから多くの共産党員は本当に議論できなくなっていると思う。国会議員でもまともに討論会で議論できない人がけっこういるんだ。同じことしかいえなかったりする。

今回の統一地方選でも「安倍政治に審判を」「消費増税にストップを」と訴えていたけれども、地方自治体の問題とは関係ないんだ。そのおかしさに気づいてほしい。

上念　極端な話、「私が当選したら隕石《いんせき》の衝突を阻止します」と語っているのと同じなんですよね。そもそも権限がないんですから。

筆坂　そういう不思議さに誰も気づいていない。候補者も、これだけいっておけば党のほうからOKがもらえるからいいやとなってしまう。党の幹部の顔色しか見なくなる。長いあいだ専従をやっていると、そうなってしまう。

これは本当に小役人と一緒になるんだ。

「給料だけもらえばいい。あとは事故や事件がなく過ぎればいい」

そんな考えになってしまうんだよ。革命政党がそれでいいのかといえば、そんなことはないよね。私は自分の頭で考えようとしたよ。私が責任者だった政策委員会でいつもいっていたことは、「既定方針にとらわれず、自由な発想で政策問題を研究する」ということだったんだ。このことは同委員会のメンバーにも歓迎されたし、新しい提案も行ったものですよ。

厳しくなる一方の日本共産党の懐事情

上念　そもそも日本共産党が単独では何もできないから野党共闘を戦術として用い始めた側面もありますよね。

全選挙区に候補者を擁立すると供託金がかかります。そのお金が払えなくてけっこう困っているという声も聞きます。

筆坂　日本共産党の政治資金報告書を見れば一目瞭然だけれども、日本共産党は政治資金の収入のうちの七割から八割は機関紙「赤旗」の売り上げが占めているんだよね。党員が献上する党費はひとりあたり収入の一％なんだけれども、それはわずかなものなんだ。そうすると機関紙の「赤旗」の部数の減少はイコール収入が減ることと同じ。やっぱり「赤旗」が減り続けているから、それだけ党の財政的な体力も落ちているところはあると思うよ。それと同時にこれから先は増える要素がないからね。しかも本当の数字は発表されないから、党員でもわからない。

上念　筆坂さんが幹部のときも知らなかったんですか。

筆坂　じつはそうなんだ。私ですら本当の数字は知らなかったんだ。おそらく「赤旗」の正確な部数や実際の党員の数になってくると、党建設委員会や組織局、機関紙局のトップと書記局長、委員長くらいしか知らないはずだよ。

上念　地方議員のなかには何部も取っている場合もあるようですね。

筆坂　いまの時代は集金も大変だからね。結果的に集金ができずに立て替えてしまっているケースなどが多いよ。私自身、東京のある区議から相談を受けたことがあるんです。購読してもらったのはいいんだが結局、集金もその区議がしなければならない。集金に行っても留守の場合もある。区議は多忙だから、そう何度も集金に行けない。そんなお宅が何軒もあると、数カ月たまると何万円も立て替えることになる。その区議は二十万円くらいあるといっていた。

たまった分をまとめて集金に行けば間違いなく購読を断られる。だからますます集金に行けなくなるという悪循環に陥ってしまうんだ。私はその区議に、「地区委員会に正直に話をして立て替えをやめなさい。そうしないと、あなた自身の生活が破綻するよ」といったこともある。本当に悲惨だよ。

党員が減少した最大の要因とは

筆坂　日本共産党が野党共闘を訴えて他党の候補者を推すようになったのは資金不足で供託金を払うのが大変だからという指摘もあるが、それだけが理由ではないと思う。国政のなかでアピールしていくために野党共闘しかないと思っていることはたしかですね。日本共産党が国政のなかで生きていくためには野党共闘しかないんですよ。

上念　二〇一七年一月の党大会で、志位氏は党員数を約三十万人と発表しています。どこまで正確な数なのかはわかりませんけれども。

筆坂　三年前より五千人減少といっているが、この数字も絶対に水増しだと思うよ。でも党員が減少しているのも当たり前だと思うんだ。

たとえば戦前を考えてみても『蟹工船《かにこうせん》』を書いたプロレタリア作家の小林多喜二《こばやしたきじ》や宮本顕治氏、野坂参三《のさかさんぞう》氏も、なぜ弾圧されることがあるのに入党したかといえば、社会主義革命が日本でも現実のものとして起きると捉えていたわけだよね。

だから、どんな弾圧にも屈せずに活動を続けていたんだと思う。もちろん、なかには屈した人もいるけれどもね。

戦後に日本共産党に多くの人が入った時期もそうだったんだと思う。

たとえば私たちが若いころに全国で民青が二十万人もいたのは、まだ社会主義に夢があったんだよね。やっぱり社会主義に憧れがあったんだと思う。戦後すぐのころは、日本は貧しかったからね。

そして、そのころはマルクス主義が掲げる「資本主義から社会主義への移行は歴史的必然だ」という言葉にまだ説得力があったんだよね。

それと、いまとは異なって社会主義を掲げる国もたくさんあった。ソ連、ハンガリー、ブルガリア、ポーランド、中国、北朝鮮、ベトナム、キューバなど。

自分が入ったときも、歴史的に資本主義から社会主義へと変わっていく流れに身を投じようという気持ちがあったんだよね。

ところが、いまの時代を見ると、社会主義を掲げていた国がどんどん崩壊したり、資本主義を取り入れたりして変わっていっている。逆なんだよね。

中国も共産党による一党独裁だけれども、中身は市場経済を取り入れて資本主義の道を歩んでいる。いまの中国の発展を見て社会主義によるものだとは誰もいわないわけですから。ベトナムやキューバもそう。政治体制では共産党の一党支配だけれども、実際には資本主義を取り入れて発展させようとしている。

だから現代の社会では、資本主義から社会主義への必然とは反対に、社会主義が崩壊して資本主義に戻っていくという過程を見せられているわけだよね。

そんな時代に若者が好んで自分から日本共産党に入ろうとか、共産主義について学ぼうなんて気持ちになるかといえば、ならないよね。

社会主義も共産主義も知らずに入党してくる若手党員

筆坂　革命という言葉には本来、ある種のロマンチシズムがあるんですよ。だって革命運動に身を投じ、よりよい社会をつくるために自己犠牲をいとわず献身するというのは若者らしい生き方といえるでしょう。それが社会主義だったんです。ですが、現実の社会主義国は自由も民主主義もない人権無視の弾圧政治でしかなかった。そのことが地球規模で露《あら》わにされてしまったのが、ソ連をはじめとした社会主義国の崩壊だったんです。この状況で日本共産党に入る人というのは社会主義や共産主義とは無関係なんですよ。だから『共産党宣言』すら読んでない人が国会議員になっているんですよ。

ですから、現在の入党するきっかけも、そもそも共産主義社会を目指したり、革命を志したりなんてことはないわけ。

たとえば私の知り合いのとある地方議員は学生時代に阪神《はんしん》・淡路《あわじ》大震災があって、そのときに震災のボランティアを通じて日本共産党の活動を知って入党したっていっていたね。

そういうときに日本共産党はやっぱり地域に根ざして活動しているから、一定のネットワークのもとに入党してくる人は、いまもいるだろう。

だから人間関係とかボランティアや市民運動などで入ってくるケースが多くて、社会主義や共産主義など関係ないんだよね。

上念 それでは社会主義なんてちっとも志向していない、ほかの野党との共闘にも抵抗がないわけですね。

筆坂 そうなるよね。不破氏だって共産主義革命は二十一世紀から二十二世紀にかけての課題だといっているくらいですから。

日本共産党が「オンリーワン」になった歴史的経緯

筆坂 それと、日本共産党という政党は統一戦線政策といって他党派との共闘を基本戦略としてきたんです。一九六〇年代や七〇年代には地方政治分野で日本社会党（現・社会民主党）や総評（日本労働組合総評議会。かつて存在した労組のナショナルセンター。日本社会党や日本共産党と深い関係にあった）と共闘して東京都、京都府、大阪府などで革新自治体（後述）を打ち立ててきた。しかし、ついに日本社会党と国政選挙で共闘することは一度もなかったんです。

とくに一九八〇年に日本社会党と公明党がいわゆる「社公合意」を結び、そこに日本共産党は〈この政権協議の対象にしない〉ことが明記されて以降、日本共産党と共闘する政党は皆無になってしまったんです。統一戦線政策といっても内実がまったくともなわないものになってしまった。「この方針は正しい」といっても、党員に対して説得力がまるでなかったんです。「社交合意」を契機に長いあいだ、国政では「共産党を除く」という「仲間はずれ」が常態化してしまったんです。これは日本共産党にとって大打撃でした。

そこに、とてつもない好機がもたらされたんです。それが二〇一二年十二月の総選挙での、民主党の政権からの転落です。民主党は壊滅状態になり、第二次安倍政権が誕生しました。民主党は混迷を深め、二〇一六年の参院選をどう戦うのか方針も立てられない状態でしたよね。そういうなかで、二〇一五年に安倍内閣は集団的自衛権の行使を一部容認する安保法制を国会に提出しました。これに野党は猛反発しましたが、結果的にはこれが野党の結束をもたらすことになったんですね。

このときの日本共産党はなかなか賢明でした。志位委員長は安保法制が成立した二〇一五年九月十九日に『「戦争法（安保法制）廃止の国民連合政府」の実現をよびかけます』を発表し、〈戦争法廃止、立憲主義を取り戻す〉の一点での野党間の選挙協力を呼びかけたんです。国民世論受けということでも絶妙なタイミングでした。

民主党内で多少のゴタゴタはありましたが、これをきっかけにして参院選の一人区三十二選挙区すべてで野党共闘が実現しました。これは日本共産党にとって歴史的な出来事で、初めて他党と国政選挙で共闘したんです。当時の「赤旗」を読むと、日本共産党の欣喜雀躍《きんきじゃくやく》ぶりがよくわかります。

結果的には一人区での日本共産党候補は香川県だけ。あとは民進党（民主党に維新の党が合流）や無所属候補に譲りましたが、それで十分だったんです。どうせ一人区で日本共産党が単独で戦っても勝てないんですから。

二〇一七年の衆院選でも立憲民主党や無所属で出馬する候補者の選挙区では自主的に彼らを応援していた。それで次の選挙では一方的に応援に回るわけではなく相互に推薦し、お互いに応援し合うかたちで戦いたいといっている。日本共産党は「本気の共闘」なんて言い方をしきりにしているよね。ただ自分たちが相手に一方的に譲るだけじゃなく、こちらも支援をいただくぞと見得を切っている。

上念　ただ、ほかの野党がそこまで協力的かといえば、少し違いますよね。

筆坂　そうなんだ。おそらく相互に推薦するところまではいかないよね。

それに日本共産党の支持者は比較的抵抗なく立憲民主党などほかの野党の候補者に投票することができるけれども、立憲民主党などの支持者は日本共産党の候補者に投票することに抵抗があるみたいなんだよね。

二〇一九年四月に大阪十二区で行われた衆議院の補欠選挙では、日本共産党の宮本岳志《みやもとたけし》衆議院議員が議員辞職して無所属として立候補したけれども、供託金も没収されるという大惨敗だったよね。

選挙の結果を見ると、ほかの野党の支持者は宮本氏に投票せずに維新や無所属の候補者に投票しているんだ。立憲民主党も国民民主党も自主投票で推薦は出さずに何人かの国会議員が応援に入ってお茶を濁していたけれども、やっぱり本番の選挙で日本共産党の票が欲しいからなんだよ。ただ、この結果は結局、日本共産党の議員が無所属で出馬してもそんなにイメージは変わらないってことなんだろうね。

だから私が想定したとおり、早くも日本共産党は「相互推薦にこだわらない」という方向に舵《かじ》を切り始めているよね。偉そうに突っ張って野党共闘ができなければ目も当てられないのが日本共産党の現実ということなんですよ。

内部からの不満が絶対に出てこないシステム

筆坂　共産党員に対して「なんでそんなに実態と乖離したことをいうのか？」と思うときがあるけれども、それは「赤旗」に書いてあることをそのままいっているだけなんだよね。野党共闘だってかなり大きな方針転換だから、党内から批判がもっと出てもおかしくはない。以前は日本共産党以外の政党は自民党の補完勢力とみなして小選挙区すべてに候補者を立てて戦っていた時代があったんだから。でも内部ではそれを批判する意見がいっさい出てこない。本当は「これまでの独自路線はどこに行ったんだ」と思う人がいてもいい。ただ、そういう反発や異論が出ないところに現在の日本共産党の活力のなさが表れているのかもしれない。

正反対の方針が通達されても異論が出ないのなら、議論も何もないよね。

消費税についての姿勢も少しずつ主張が変化している。

たとえば四月の統一地方選では各地の市区町村議員選挙でも安倍政治への審判と消費増税の中止がメインスローガンになっている。

上念　あれはおかしいですよね。地方自治体の選挙の争点では全然ないのに。

筆坂　そもそもがそうなんだけれども、日本共産党は、一九八九年に消費税が導入されるときには導入自体に反対しているんだよね。「消費税をなくす会」なんて団体までつくってきた。

でも、その反対運動はなんの力も発揮せずに最初三％が導入され、次に一九九三年四月に五％になって、さらに二〇一四年四月から八％になり、今後は二〇一九年十月に一〇％になるわけだよね。それで、いまは「一〇％に反対」なんて主張を前面に出しているけれども、本来の日本共産党の立場なら「消費税廃止」といわないといけないはずなんだよね。せめて「五％に戻せ」とかね。でも一〇％にするのには反対ということは三％も五％も八％も全部認めちゃったということでしょう。

これまでの主張を見れば、消費税が導入されるときも、五％や八％に上がるときも、「国民生活が大きく破壊されます」と訴えているけれども、結局それはもう知りませんということですよね。無責任な話ですよ。

なんというか結局、場当たり的な反対にすぎなくて真剣さが感じられない。もともと有権者も日本共産党が地方で議席を増やせば増税が阻止されるなどとは思ってもいない。そこを見切っているから、こんな筋の通らないことを平気でいえるんだね。

上念 そんな政党が力を持つわけがないですよね。むしろ、どうせできるわけがないんだから、もうちょっと消費税廃止をはっきり打ち出して大口を叩いてもいいじゃないかと思うくらいです。

筆坂 そうなんだよ。どうせできないんだから、こんな悪税を導入したことが間違いだっていってやればいいんだ。

上念 たしかに上品にまとまる必要はないですよね。筆坂さんも指摘されていましたが、党内でも日和《ひよ》っているところがあるんですか。

筆坂 本当にそうだと思う。

上念 結局、異論をいうようなエネルギーがある人は除名されてしまうわけですもんね。

平沼赳夫氏にコロリといってしまうウブすぎる党員たち

筆坂 前回の衆院選で引退した平沼赳夫《ひらぬまたけお》元経済産業大臣。彼はどちらかといえばタカ派の人だったけれども、私は平沼氏が運輸大臣時代に運輸委員を務めていたことがあったから、あの人とはいい関係だったんだよね。

それで平沼氏が小泉純一郎《こいずみじゅんいちろう》内閣で経済産業大臣を務めていたときに、日本共産党系の中小企業団体の民主商工会（通称・民商）の幹部を大臣室に陳情に連れていったことがあるんだ。

平沼氏は、とても誠実な人で、日本共産党の支持者とはいえ丁寧に話を聞いてくれて、「わかりました。それはなんとかしましょう」なんていってくれて、顔を立ててくれるんだよね。

それで陳情に来た幹部たちにも「ご苦労さまでした」なんて挨拶までしてくれる。

もう平沼氏の大臣室を出ると、みんなが開口一番、「あの自民党（当時）の平沼大臣が、あんな対応をしてくれた」「地方の役所でも、あんなに丁寧に聞いてくれないよ」なんていって感激して一気に平沼ファンになっちゃうんだよね。もう筆坂ファンじゃなくて、一気に平沼ファンになっているんだよ。

上念　お前ら革命はどうしたんだよって感じですね（笑）。

筆坂　そうなんだ。そのくらいウブな人が多いんだ。

日本共産党の構造的問題

第4章

実質的な「ナンバーワン」は誰なのか

上念　志位委員長は二十年近くその地位にいますね。

筆坂　でも志位氏は不破氏の上には立てないんだよね。自分からオリジナリティのある発言をするような大胆なことは、逆立ちしたってできないわけだよ。

かつて私が幹部だったときは常任幹部会の席で最後に委員長の志位氏が議題のまとめをするたびに、当時議長だった不破氏が「僕は違うな」とひとこといって議論を引っくり返すのが常だった。もちろん議論の結論は不破氏の意見に落ち着いていく。

あの当時、毎週一回行われる会議のたびに同じことが起きていたから、最後には志位氏が会議をまとめることができなくなり、会議が終わらずに長引くようになっていった。志位氏には相当ストレスがかかっていたと思うよ。そういうことが続けば、ほかの幹部たちからも軽んじられるようになっただろうからね。

結局、いまの日本共産党を見回して大胆なことをいうことができるのは不破氏しかいないんだ。

でも、いちばん問題なのは、不破氏のその大胆な発言や予測がいつも外れてしまうことなんだ。だからベネズエラ問題のように党全体がその不破氏の見解に振り回されたあげく、党全体のイメージダウンにつながってしまう。

上念　それはいちばんやっかいですね（笑）。誰にも止められない人が間違えまくるんですから。

筆坂　そう。しかも不破氏本人は自分の社会分析の視点を「科学の目」なんて誇って唯一無二のものであるかのように自慢しているんだけれども、その「科学の目」による分析が当たったためしがこれまでに一度もないんだよ（笑）。

「科学の目」は不破氏の造語で、ものごとを科学的に見る力をつければ、さまざまな事象の本質を正しく認識できるということらしいんだ。これまでに日本共産党内の集まりでは「科学の目」講座なるものが何度も行われてきている。

不破氏の場合、講義したり講演したりすると、すべて本としてまとめられて出版されることになる。不破氏の前の指導者であった宮本氏も講演や演説がすべて本として出版されていた。

これだけの著書まで出すのだから、自分はものごとを科学的に正しく認識できると思い込んでいるのだろう。でも森羅万象の出来事を正しく認識するなどというのは容易なことではない。しかも政党や政治が直面するのは自然現象だけではない。人間社会のありようにも直面する。人間というのは複雑ですよ。自分の子どもや身内のことだってなかなか理解できない。誰それを好きになるなどという感情を「科学の目」で正しく把握できますか。できるわけがない。人間社会というのはそういうものです。

それを正しく認識できるなどというのは傲慢でしかない。そんなことは不可能だと私は思っている。

上念　自称「科学の目」が実際には濁り切っていると。

筆坂　うん。理由は簡単で、全然科学的分析じゃないんだ。不破氏本人の主観で発言しているだけ。でも不破氏がいいだした主張に間違いがあっても、日本共産党は容易には解釈を変えることなんてできない。

上念　ワンマン社長の方針が間違っていることが明らかなのに、平社員は誰も注意することができずに尻拭いに走り回らなきゃならないのと一緒なんですね。そう考えると、私に抗議してきた広報部の責任者もかわいそうになってきます。

拉致問題をめぐる不破哲三前議長の致命的なミス

上念　私が「月刊Hanada」に厳しく書いたあとも日本共産党の論調をたまにチェックしているんですが、それ以前に比べるとベネズエラに厳しい論調に変わってきているんですよね。生ぬるいことをいっていると批判されたからか、急に激烈に批判するようになったんです。

筆坂　結果的にきっかけを与えたわけだ。

不破氏は本当にそういう間違いが多いんだよ。

拉致問題のときもそうだった。拉致問題も北朝鮮が正式に認めるずっと前から「北朝鮮の犯行じゃないか」ということはいわれていたわけだけれども、不破氏はずっと北朝鮮犯行説に疑念を持っていた。

森喜朗《もりよしろう》総理の時代には党首討論で「警察白書が『北朝鮮による日本人拉致の疑いのある事案』とか『北朝鮮に拉致された可能性のある行方不明者』とあるが、どれも結論が出ていない。疑惑の段階で外交交渉する例はない」などと主張して、森総理から「それでは拉致問題を交渉すべきではないということになってしまう」なんて反論されていたんだ。
上念　ひどいですね。邪魔しているわけじゃないですか。
筆坂　以前、参議院議員を務め、現在は副委員長の緒方靖夫氏は国際局長などを務めていて、日本共産党のなかでは外交関係を担当している。悪い人ではないんだけれども、私なんかにも気を使う人でね。わかるでしょう（笑）。不破氏への話し方など、横で聞いていても尋常ではないんだ。

この党首討論のあとには不破氏と緒方氏が「赤旗」の日曜版の二〇〇一年一月四日号で対談したんだけれども、そこでは不破氏ともっとあけすけに、こういった趣旨のことを語っていた。

　朝鮮半島の全体的な情勢は南北会談、米朝交渉など良い方向に向かっているが、拉致問題が難関となって行き詰まる可能性がある。だから党首討論で、拉致は北朝鮮による犯行の疑惑でしかないのだから、証明ずみのような交渉をしてはならない、ということを提起した。

これに対して緒方氏は「七件十人」のうち物証のあるものはひとつもない、拉致問題を冷静な議論に引き戻したなどと語っているんだ。

要するに北朝鮮の犯行ではないということを遠回しに、しかし必死に主張していたんだよね。

上念　そこまでいくとアホですね。

筆坂　緒方氏は不破氏の意に沿うように、拉致問題についても外務省や警察庁に問い合わせて拉致の証拠の有無を確認して、「証拠がない」という回答をもらうと、不破氏のところに何度も「証拠はありません。疑惑にすぎません」と吹き込んでいたんだ。

それで不破氏もそれを完全に信じ込んでいた。というより、実態は不破氏が喜ぶような回答を緒方氏が伝えていただけなんだけれどもね。

私自身、当時は不破氏や緒方氏から北朝鮮による拉致が「疑惑にすぎない」という話を、常任幹部会をはじめとしたさまざまな席で聞かされていた。

国会でもそういう方向で質問をするようになり、「赤旗」の紙面でも不破氏と緒方氏の二人による対談を載せて、北朝鮮による拉致を事実上否定するような論調を張っていたわけ。

上念　なぜ、そこまで不破氏は頑《かたく》なだったんですか。

筆坂　じつは、これには理由があったんだ。
不破氏はその当時、日本共産党とアジアの関係各国との関係修繕に動いていた。
二〇〇〇年十一月の第二十二回党大会には大会史上初めて在日本大韓民国民団（民団）、在日本朝鮮人総連合会（朝鮮総連）という朝鮮半島の南北在日団体の代表が参加したんだ。それまで朝鮮労働党と断絶状態にあったから、変化があったんだ。
一九九八年七月には中国共産党とも関係正常化を果たしていたから、不破氏は北朝鮮の朝鮮労働党とも関係正常化を考えていた。
実際に私自身が不破氏から「今後、朝鮮労働党との関係正常化もありうるからね」と聞かされていた。だから相手を刺激するような質問などはしたくなかったんでしょう。
上念　まったく自分勝手な話ですね。
筆坂　そうなんだ。ところが小泉総理が電撃訪朝して金正日《キムジョンイル》総書記と日朝首脳会談を行った際、金正日が「特殊機関の一部が妄動主義、英雄主義に走って日本人を拉致した」事実を認めて謝罪した。
上念　はい。二〇〇二年九月一七日の日朝首脳会談の席で金正日は日本人十三人を拉致したことを認めています。

筆坂　まったく不破氏の「科学の目」の誤りだよね。

さらに日本共産党は拉致問題への対応をもう一度誤っている。二〇〇四年十二月八日に北朝鮮から提供された横田《よこた》めぐみさんの遺骨が本人のものではなかったという鑑定結果が発表されると、志位氏が記者会見で「意図的なのか、手違いなのか」と発言をして大顰蹙《だいひんしゅく》を買ったんだ。「赤旗」はこの発言を報じなかったけれども、ほかのメディアはもちろん報じて批判が集中した。

さすがに日本共産党もこのときは慌てて、二〇〇四年十二月十四日、緊急に都道府県委員長会議を党本部に招集した。

その場で不破氏や志位氏がどんな話をするのかと思って当時、議員を辞職して一職員だった私も聞きに行ったんだ。

二人の報告は「重大な新たな情勢の展開があった」というものだったんだけれども、二人の発言というのは、「まさか北朝鮮で特殊機関が暗躍していたとは驚いた」という調子の話なんですよ。北朝鮮側の交渉当事者が「特殊機関が協力してくれない」といったことに飛びついたんですかね。しかし、独裁国家に特殊機関が存在することなど常識でしょう。それを日本共産党のトップが知らなかったというほうが驚きでしょう。これ以降、特殊機関の犯行ということこそが拉致問題解決の最大のカギであるかのように言い始めたんです。

しかも実際には金正日の「特殊機関の一部の妄動主義者たちが英雄主義に走って暴走した結果」という説明は、誰がどう考えても特殊機関に責任を押しつけるための逃げ口上にすぎないよね。

上念　ふざけた言い逃れですね。そもそも、ああいう国家に特殊機関がないほうがおかしいですし、特殊機関が独自の判断で拉致のような国家的犯罪をやるわけがない。

筆坂　そうなんだよ。めちゃくちゃな説明だよね。私は途中でバカらしくなってきて退室したんだよ。そうしたら、ある衆議院議員も退室してきたんだけれども、彼は不破氏の説明をそのまま鵜呑みにして、「特殊機関がカギだったんですね」なんて驚いた顔でいって納得しているんだよ。びっくりしたよ。

上念　その説明で納得してもらえるなら、不破氏も楽ですね。

筆坂　仮にも何回も当選している衆議院議員がその程度だと思うと、わかっていたとはいえ、そのレベルの低さに愕然《がくぜん》としたね。なんのためにオツムがついているのかといいたくなったよ。

上念　疑った時点で危険人物扱いされるとはいえ、日本共産党自体がそういう茶坊主的な人しか出世しないわけですね。

筆坂　へたに反発をして干されるのは、誰でもいやだからね。選挙がないということは人事権を握るトップの威光は絶大なんだ。誰も逆らえないし、客観的な評価の基準などないから、必然的に上の幹部におもねるようになってくる。

日本共産党の専従活動家は党から給与（私がいたころは「活動費」と呼ばれていた）をもらって生活を維持しています。専従をやめるということは食い扶持《ぶち》を失うということですから。日本共産党の専従活動家が再就職をしようと思っても簡単ではないですから。それで苦労している人を何人も知っていますよ。

誰がナンバーワンの首に鈴をつけるべきか

筆坂　日本共産党も立派なことをいっているけれども、組織としてはどこの政党より上意下達の組織だからね。

志位氏がナンバーツーポストである書記局長から本来ナンバーワンのポストであるはずの委員長に就任したのは二〇〇〇年。対外的にトップになってからすでに二十年近くたつけれども、いまだに実質的なトップは志位氏の前任の委員長であり、前議長である不破氏だ。二〇二〇年には九十歳になるんだけれどもね。

上念　でも、その年齢ではトップとしての日常的な活動はできませんよね。

筆坂　二〇〇六年一月の党大会を機に議長職を退任して、いまは常任幹部会委員のひとりでしかないからね。おそらく党の会議もたまにしか出席していないでしょう。でも、いまだに不破氏の意を受けて動く幹部が多く、志位氏もその影響力は無視できないんだ。

だから誰も彼に引導を渡すことができない。中央委員のなかでは不破氏が最高齢で、八十代後半がもうひとり、七十代だと約四十人もいるんだ。

上念　めちゃくちゃ高齢化が進んでいますね。

筆坂　党の中央委員が高齢なのは、不破氏が居座っているだけでなく、党員全体が高齢化していることの反映でもあるんだけれどもね。

私は不破氏の「理論」なるものや「科学の目」なんていうのは趣味でやっているだけで、歴史的になんの価値もないと思っています。

上念　しかし、真面目な党員や支持者は不破氏の本をたくさん購入しているわけですよね。不破氏本人には印税がたくさん入って、料理人つきの豪邸に住んで贅沢《ぜいたく》暮らしと、まさに中華皇帝みたいですね。

筆坂　不破氏は神奈川県の山中の広い敷地に資料室となる建物や、けっこう立派な山荘を持ち、そこに住んでいる。

　不破氏は年上の夫人と二人暮らしをしているんだけれども、郊外だから、もちろん運転手も常時ついていて、専属の料理人までいる。どちらも党本部から派遣された専従職員なんだよ。ちょっとした買い物や通院なども党から用意された車で行くんだから、もはや天上人だね。

上念　しかし、いちおうトップは志位氏なわけですよね。不破氏は現在の日本共産党ではどういう役職なんですか。

筆坂　現在は中央委員会常任幹部会委員という役職と、中央委員会の機構のひとつである社会科学研究所の所長ということになっています。

上念　ほかの幹部もそんなにいい待遇を受けているものなんですか。

筆坂　もちろん不破氏のような待遇の幹部は、ほかにひとりもいません。不破氏だけだよ。

上念　かつて中国共産党の実質トップだった鄧小平《とうしょうへい》が最高実力者なのに公的な役職や肩書が中国チェス協会の会長くらいしかなかったのに似ていますね。

筆坂　そうだね。不破氏は二〇〇六年に議長を引退しているんだけれども、そのあとも常任幹部会委員の役職だけは辞めていません。

やっぱり、その役職を辞めてしまったら元議長、元委員長といえども一党員になってしまうから、その役職だけは手放せないんでしょう。

上念　特別待遇を維持するためには、どうしてもその肩書は譲れないわけですね。

筆坂　そう。一党員に料理人や運転手つきの特別待遇は絶対できません。もしそれをやってしまえば、さすがにおかしいんじゃないかと批判が出る。本当は子どももいるわけだから、党が丸抱えで面倒を見る必要なんてないんだよね。

それと、不破氏は党の社会科学研究所の所長という肩書もあるんだけれども、これなんて不破氏のためにつくったようなものなんだ。おそらく不破氏がいなくなったらこの社会科学研究所自体がなくなると思う。もともと一度なくなっていた組織を不破氏が復活させたところだからね。

上念　一般党員から不満は出ないんですね。

筆坂　二〇一七年一月に日本共産党の党大会があったんだけれども、そこで不破氏の続投に対しては批判的な投票結果が出ているんだ。最高裁判所裁判官の国民審査のように信任投票で行われるのだけれども、不破氏を信任しない人がけっこう多かった。

「独裁者」を生み出してしまう構造的要因

筆坂　よく共産主義国家は権力者が長期にわたって独裁するといわれるけれども、それと同じ構図が日本共産党にもあるんだ。

上念　候補者などは、しゃべる内容もしゃべり方も不破氏に似てくるといいますね。みんな演説を真似《まね》ているイメージがあって、どこか没個性というか、顔がないというか……人間味が感じられないところがあります。

筆坂　日本共産党は自分たちの意思決定や政策決定のしくみを民主集中制という言葉を使って、さも民主的なしくみで意思決定しているかのように、もっともらしく説明しているけれども、これは上層部が決定したことに全党一致で従うという上意下達のしくみでしかないんだ。

　だから一般の党員は日本共産党に入って長くいると、何かを創造的に考える意欲というか、考える気力そのものがなくなってくるんだよね。

日本共産党は「民主集中制」という組織原則について、ものごとを民主的に討論して意見を集約し、決まったことは一丸となって実行していくしくみだと説明しているけれども、実態はまったく違う。

とくに日本共産党は党大会のしくみや運営のしかたをその象徴であるかのようにいい、大会の二カ月前に大会の決議案を発表し、それをすべての支部、地区、都道府県の党会議で討論をしつくし、最終的に党大会で決められることになっていると説明している。

でも全党員が討論の主題である大会の決議案を読み切ったなどということは、ただの一度もない。大会前に議案を読んでいる党員の比率はせいぜい三割程度です。大多数の党員が議案を読まずに、その議案の討論をどうやってやるんですか。民主的討論の基礎が崩れているんですよ。だから党大会が終わったあとも延々と読了運動をしているんだよ。

そもそも民主主義的討論なんて簡単にいうけれども、民主主義ほど難しいものはないんだよね。だって、党員によって党の方針や路線の理解度もまったく違う。「赤旗」を読んでいない党員も少なくないんですよ。民主的討論などというのは言葉だけの空疎というか、絵空事の虚妄というか……。

上念　完全な民主主義自体が実現不可能というか虚構、フィクションにすぎないところはありますよね。

筆坂　おっしゃるとおりで、たとえば不破氏や志位氏と同じようなレベルの党員ばかりが集まって議論することがもし可能だとしたなら、ある程度高い水準の議論ができるかもしれない。

しかし、実際の党員は不破氏と同じような議論はできない。いまや国会議員ですら『資本論』も『共産党宣言』も読んでいないわけですから、一般党員は「赤旗」も目を通していない。日常の生活に追われて忙しいし、そんな時間的な余裕がなかったりするわけです。

結局、民主主義的な討論をするにはある程度の土台がないと成立しない。それがないから民主主義的な討論なんて実現できるわけがないんだよ。

上念　そもそも党内には序列があって対等に議論することができないわけですもんね。

筆坂　一般の党員は党中央で決められたことを学ぶということが基本なんですよ。だから下部の一般党員から重要な意見や方針案が上げられて、それによって何か新しい方針が採用されたことなど聞いたこともない。

上念　不破氏や志位氏に言い返すような意見は、まず出てくるわけがない。

筆坂　国会議員だって志位氏ら指導部の意見を学ぶ姿勢が第一に必要なので、不破氏と正面から論争をするようなことはありえない。簡単に言い負かされるだろうしね（笑）。冷や飯を食わされるというより、指導者に逆らうことなどありえない組織なんです。

かつてはマルクス主義を研究する学者のなかに日本共産党の方針に異論を唱える学者もいました。ですが、不破氏から一方的に批判されるんですよね。それで彼らはやる気をなくしてしまった。

役に立っていない「不破理論」

筆坂　そもそも何をいったところで不破氏の解釈が正当化されるのだから、一所懸命にやろうとしないし、議論も交わそうとしなくなるのは当たり前なんだ。
結局、マルクスやエンゲルス、レーニンをめぐる学説の解釈は日本共産党中央、さらにいえば不破氏の一手に独占されてしまったんだよね。
上念　それは不破氏がマルクス、エンゲルスにいちばん精通しているからではなくて、日本共産党において政治力をいちばん持っているというだけですよね。
筆坂　精通しているのは事実だけれども、その解釈が正しいどうかは別だよね。マルクスやエンゲルスの著作は古典と呼ばれているが、古典というのは学者によって解釈が千差万別なものでしょう。それがひとつの解釈に落ち着くというのは、やはり党のいちばんの権力者というところに帰着するということになるんじゃないでしょうか。かつてある大学の教授が私に向かって「また不破さんの盆栽いじりが始まったね」と揶揄したことがありました。

不破氏の理論はマルクスやエンゲルス、レーニンの過去の発言や学説を「このあたりをちょっと切り取ってみよう、ちょっと伸ばしてみよう」みたいな感じで議論の盆栽遊びをしているだけなんだというわけです。自分の都合のいいように解釈して、不破理論として宣伝しているだけ。

だって、不破氏の不破理論が日本の革命に何か貢献したのかといえば、何も起きていないじゃない。

上念　おっしゃるとおりですね。

筆坂　不破氏は著作も百五十冊近くあり、革命についても多くの本を出版していて、党員たちが必死に購入しているんだけれども、彼の理論が日本の革命や日本共産党の支持拡大に役に立ったかといえば、何ひとつ役に立っていません。革命は近づくどころか遠ざかる一方でしょう。

上念　いまの日本共産党のふがいなさを見れば、それは明らかですよね。むしろ足を引っ張っているというか、日本共産党がパッとしていない要因のような気さえします。

「任期制限なし」というありえない組織

筆坂　やっぱり日本共産党ももっと普通の政党にならなければ。トップが十年も二十年も交代しないというのは、それだけ見ても民主主義的とはいえないでしょう。任期制限がない組織というのは世間の常識に照らして異常なんですよ。この組織のあり方は、いずれ日本共産党の命取りになりますよ。

ソ連でも東欧の社会主義国でも、中国、ベトナム、キューバでも、社会主義を標榜《ひょうぼう》してきた国はすべて共産党などによる一党独裁でした。共産党員はこの異常さに気づいていました。でも、これを激しく批判してこなかった。事実上黙認してきたんです。東欧などの社会主義国は結局、これが命取りになりました。日本共産党にとってこれは決して他山の石ではないことに勇気を持って目を向けるべきでしょう。

上念　志位氏も国政選挙での敗北がいくら続いても、それを理由に辞めたりはしませんものね。安倍総理がこの前、任期を変更して総裁選で三選を果たしましたが、そもそも委員長の任期がないのでは、いくらでも続けられるわけなんですね。

筆坂　宮本氏もずいぶん長いこと議長職にいて、一九九七年九月の第二十一回党大会で名誉議長に退いたんだけれども、じつはその何年も前から、周囲は「今度はさすがに辞めるだろう」なんて噂をしていたんだ。でも党大会のたびに続投が決まって毎回、大会後に「まだやるのかよ」なんて、みんなで愚痴っていましたよ。

一九九四年の第二十回党大会のときは本人が病気欠席で不在だったのに、「余人をもって代えがたい」という理由で引き続き留任していたからね。「いい加減、首に鈴をつけなよ」なんて陰ではいっていたよ。

結局、宮本氏が八十八歳のときの一九九七年九月の第二十一回党大会で、不破氏が直接引導を渡したみたいだけれどもね。

上念　筆坂さんがかつて出版された『日本共産党』（新潮新書）のなかでも、その場面を明らかにされて話題になりましたね。

筆坂　その本のことをいえば、〈不破氏が数日間の大会期間中、その日の日程が終わると東京都多摩《たま》市の宮本邸まで行って、「引退してほしい」と説得し続けたのである〉と記述したら、その一点を不破氏や日本共産党から執拗《しつよう》に批判されたんだよね。こういう話は実際に聞いたのだが、ここの記述は私も軽率だった。相手は日本共産党なんだから。その一点が間違っているから本自体が全部ウソっぱちだなんて批判されたんだ。

でも実際には「大会の期間中に抜け出して説得した」ということだけが間違いだったんだ。一対一で不破氏が引退を迫ったこと自体は本当のことなんだよね。むしろ、それしか間違いがないということだった。不破氏も具体的な批判はそこしかしないで、ほかの点については いっさい反論しなかった。事実だから批判のしようがないわけなんだけれどもね。

上念　説得自体は認めているわけなのに、細かい間違いをもって針小棒大に批判するわけですね。いまでもあの界隈《かいわい》の人はそういう詭弁《きべん》を頻繁に使っていますね。

宮本顕治氏がいちばん恐れていたこと

筆坂　私が不破氏から宮本氏に引退を迫った場面を聞いたところによると、宮本氏は〝やっぱり共産党の指導者らしいなあ〟という反応を見せたんだよね。不破氏が引退を迫ったら、宮本氏は「君、僕は何か間違いを犯したのか！」と聞き返したらしいんだよね。「もしかしたら自分が粛清されるんじゃないか」という恐怖が脳裏をよぎったのかもしれないね。

そのとき、宮本氏はすでに高齢で公の場にも出られないような状態だった。引退が決まったあとの幹部会で不破氏は「宮本氏には知的後退が見られる」なんて話をしていた。不破氏から宮本氏への批判じみた言葉を聞いたのはこれが初めてだったね。

いかにも日本共産党の指導者らしい発想だよね。自分が席を追われるときは粛清されるとき以外にはないと思っているわけだから。

世界の多くの共産党の歴史を見ると、指導者がその席を追われるときは実際に死亡するか失脚するかのどちらかで、高齢などを理由に円満に引退するなんていう例はほとんどないんだ。宮本氏もそういう歴史を痛いほど知っているから、本能的に「失脚」や「粛清」という文字が頭をよぎったのだろう。

上念　中国の権力者が席を譲ったら殺されると思って居座り続けるのと同じですね。「粛清される」ことを恐れたら、自分から引退などいいだせませんから。

筆坂　でも宮本氏といえば共産党員にとってはある種のカリスマ的人物だったからね。戦時中にも十二年間も牢獄《ろうごく》につながれながらも非転向を貫いた過去もあって、憧れというより仰ぎ見るような存在だった。

上念　戦後の日本共産党をつくった人物ですよね。

筆坂　私自身、日本共産党に入党して以降、「もし宮本氏のような弾圧を受けたら黙秘で頑張れるだろうか」なんて自問自答していたからね。でも、そんな宮本氏ですら自分のポストに最後まで執着して粛清を恐れるのだから、別の意味で人間らしさというか人間の弱さを感じたね。

上念　日本共産党という組織でトップになると、そういう人間になってしまうんでしょうね……。

最期まで共産党員でいたかった野坂参三氏

筆坂　日本共産党では第一書記や議長、名誉議長など、長いあいだ幹部の地位にあった野坂参三氏も最後の最後で高齢ながらも追放されましたね。

上念　野坂氏といえば戦前の共産主義者のなかでは片山潜《かたやません》に次ぐくらいの大物フィクサー。ソ連以外にもアメリカや中国にもパイプを持ち、ダブルスパイ、トリプルスパイの疑惑もあるくらい世界的に暗躍していた人物ですよね。

筆坂　そうだね。戦後、野坂氏が日本に帰国したときには「野坂参三歓迎国民大会」などと題して日本共産党以外の政党まで集まって総出で歓迎したくらいだから、日本共産党の活動家のなかでは知名度は抜群だった。

野坂氏はソ連が崩壊したときに、戦前のスターリンの大粛清が吹き荒れた時代に同志であった山本懸蔵《やまもとけんぞう》らをスパイとしてソ連の秘密警察に密告していたことが明らかになったんだ。ソ連崩壊後に野坂氏が仲間を売った記録となる文書が出てきたからね。

事実が明るみに出た一九九二年、このとき野坂氏はすでに百歳でした。戦後の日本共産党を代表する政治家でしたが、結果的に除名されることになった。

じつは野坂氏の除名が決まった中央委員会総会に私も出席していたんだ。野坂氏は車椅子に乗ってひさびさに現れたんだ。

それで山本らを売った経緯が詳しく説明されたあと、最後に「野坂参三同志、意見はありますか」と質《ただ》された。もう高齢だから、彼はとくに反論もしなかったね。

あの人は山口県萩《はぎ》市の出身だから山口弁訛《なま》りで「ありましぇん」といって、それで退席していった。

退席すると、「野坂参三同志の除名に反対の同志は？」とその場の中央委員みんなに決を取るわけ。挙手なし。さらに「棄権の同志は？」との問いかけにも挙手なし。「賛成の同志は？」との問いかけに全員が挙手。全員一致で除名が決定した。

野坂氏自身は除名されたあと、周囲に「やっぱり共産党員として死にたかった」としみじみ語っていたようですが、しかたなかったですね。

上念　「自民党員として死にたい」といっていて、亡くなる一カ月前に自民党への復党が許された与謝野馨《よさのかおる》元財務大臣と同じような心情ですかね。

筆坂　ただ、あの激動の時代の話だからね。もちろん野坂氏がやったことがいいことだとは決して思わないけれども、スターリンが君臨するソ連で生き延びようと思えば、仲間を売ることはほかにもあったんだろうね。

上念　仲間をたくさん粛清したり、みずからに反対する人たちの多くをシベリア送りにしたりしたスターリンですからね。

スターリンの大粛清の時代には公開されたソ連の公文書と公式のデータによれば、一九三七年と一九三八年の二年間だけで約七十万人が殺されていて、実際には二百万人近いという説もあるくらいですからね。

筆坂　当時の野坂氏がスターリンの大粛清を生き残るにはそれ以外の手段はなかったんだと思うよ。果たしてほかの人間が野坂氏と同じ立場になったときに、どれだけの態度が取れるのかと思う。自分自身がスパイとして処刑されている可能性もあるわけだから。実際、その後の調査では野坂氏が告発した山本氏も野坂氏を告発しようとしていたらしいですね。

上念　でも、それだけスターリンがヤバい存在だと思っていたら、ソ連から帰ってきたら、そういうことをいわないといけない。共産主義の危険さを実感しているわけだから。

結局、うまいこと渡り歩いてトリプルスパイのようなことをした自分勝手な人物だとしか思えません。

筆坂　もしソ連が崩壊していなければ、いまも闇のままだったかもしれないからね。

共産党員が持つ「エリート意識」の正体

筆坂　日本共産党というのは、いまは前衛党とはいわなくなったけれども、ずっと前衛政党を標榜していた。これは日本共産党が前衛で国民が後衛という意味で、政党が国民を指導するというニュアンスがある。要するに、ある種のエリート意識が形成されやすいところがある。
昔の規約の前文には次のような一文があった。

日本共産党は、日本の労働者階級の前衛部隊であり、労働者階級のいろいろな組織のなかで最高の階級的組織である。（中略）

日本共産党は、わが労働者階級の前衛としてのほこりと自覚をもって、かがやかしい共産主義の終局の勝利を確信し、あらゆる困難にうち勝って、断固として敵とたたかう戦闘的精神をもたなければならない。

これがいわゆる「前衛党論」なんだ。私自身、「自分は社会進歩や平和のために頑張っている」と強く認識していたよ。若いころ、日本共産党の会議に行くときに、たいした格好もしていないのに、群衆のなかを歩きながら、「俺は前衛なんだ。大衆をリードする選ばれし者なんだ」と自負していました。「ぼろは着てても心の錦」という気持ちなんだよね。もちろん、いまとなっては青臭い話だけれどもね。

それはなぜかといえば、当時は日本共産党に入党を希望してもすぐには認められなかった。共産党員として適切かどうかを確認する試用期間があったんだよね。その試用期間も立場によって違った。

正確に記憶はしていないけれども、たとえば労働者だと短くて三カ月。学生や中小業者だと半年だったりするんだ。労働者はプロレタリアだが、学生や中小業者は当時の共産党用語で小ブルジョアジーと呼ばれていて、小ブルジョアジーは革命に動揺的だとみなされていたんだね。

それで試用期間を経て問題がなければ正式に入党することができる。一種のハードルがあったんだよね。だから、さらにエリート意識を煽られたところもあった。

いまは全然違うよ。おそらく試用期間などいっさいなく、すぐにでも入党できるでしょう。それだけ人手不足だろうからね。

前衛というのは革命の意義に目覚めていない大衆に社会主義革命の意義を自覚させるという意味合いがあった。だから、もし当局に弾圧されたらすぐに口を割ってしまうような党員などいらない。それより本当に強く結ばれた強固な集団でいることが重要というスタンスなんだよね。

北朝鮮のチュチェ思想に酷似した幹部たちの体質

筆坂　日本共産党というのは下からつくるのではなく、指導部からつくっていく組織体系なんだ。

　指導部さえ守ればどんな弾圧を受けてもまた蘇《よみがえ》ることができるという考え。だから幹部防衛というのは日本共産党が歴史的にいってきたことで、ずっと幹部を大切にしてきたんだよね。幹部がやられたらこの組織は崩れてしまうという発想がある。

　だから日本共産党には幹部政策というのがあって、二〇一〇年一月の第二十五回党大会決議でも、〈将来を展望した幹部政策として、中央委員会の構成のあり方を見直し、とくに准中央委員については、後継幹部として成長することを任務として位置づけ、将来性のある若い幹部、新しい幹部、女性幹部の大胆な抜てきをはかる〉などと述べられている。

上念　北朝鮮のチュチェ（主体）思想に近いですね。革命的血統の聖家族を守れ、みたいな……。

二転三転する日本共産党の韓国政策

筆坂　日本共産党の外交政策はコロコロ変わる。たとえば、ここ最近では韓国との関係についてもそうだね。かつて日本共産党は韓国をまともな国とはみなしていない時期があったんだ。韓国という表記をする場合、「韓国」とカギ括弧までつけていたんだ。それが、いまや日本共産党の国会議員が日韓議員連盟にも加入して、志位氏にいたっては何度も韓国を訪問している。

上念　かなりの変化ですね。

筆坂　しかも志位氏はその都度、訪問先の韓国で自民党や安倍政権、戦前の日本を批判し、その演説が韓国の人たちからけっこう受けているそうなんだ。志位氏の著作も韓国でこれまでに三冊も出版されている。

上念　どっちを向いて政治をしているんでしょうね。

筆坂　日本共産党は日韓関係で行っている対応の基本は、日本政府の対応を「これではダメ」と言い続けることのようなんだ。

韓国の徴用工判決についても日本共産党は賛同しているんだよね。その最大の論拠としているのは、「国家間の請求権問題が解決しても、個人の請求権を消滅させることはない」という韓国政府の見解なんだけれども、これをもって賛同の論拠にはならないことを、日本共産党はわかっていないようなんだ。

たしかに第一次世界大戦の戦後処理のなかで個人的な補償措置がその者が所属する国家によって行われるという国際慣例が定着し、第二次世界大戦後にも引き継がれてきた。それは今日では国際常識になっている。しかし、個人補償を行うのは、その個人が国籍を有し、所属する自国政府というのもまた国際的な慣例なんだよね。

なぜ、そうなったのか。それには理由が二つある。

第一は、自国政府こそが円滑かつ的確に個人を把握し、補償を行いうる条件があること。

第二は、相手国側に対して個人がバラバラで「損失の補償」を請求し、裁判を起こしていくような事態になれば、相互の国民感情を悪化させて、国家間に新たな緊張を生み出すことになるからだよ。

実際に次から次へと新たな裁判が提起され、日本国民の嫌韓感情はかつてないほど高まっているよね。

しかも一九六五年の日韓請求権協定によって、「完全かつ最終的に解決されたことを確認」していて、二〇〇五年に公開された日韓協定締結当時の韓国外交文書でも個人に対する補償義務は「韓国政府が負う」とまで韓国側が明言していたことがわかっている。だから、とっくに問題は解決していたんだ。

こうした過去の経緯を蒸し返して、国際間の約束を破って日韓間の法的基盤まで壊そうとしているのが文在寅《ムンジェイン》政権なんだ。ところが同様の立場に立って、文政権への批判はいっさいせずに、ひたすら安倍政権を批判しているのが日本共産党なんだよ。

上念　日本共産党の立場を見ていると、わざと日韓関係を壊している文政権とやっていることが変わらないですね。

追放されたレジェンド幹部が多い

上念　日本共産党の歴史を振り返ってみると、ほとんどの幹部が除名され、批判されているんですね。

筆坂　有名なところでは、野坂氏はもちろん、志賀義雄《しがよしお》氏しかり、戦後に宮本氏とともに長いあいだ幹部を務めた袴田里見《はかまださとみ》氏も除名されている。かつて書記長だった徳田球一《とくだきゅういち》氏もその乱暴な指導を批判されている。彼らは最高幹部だったのに、いつの間にか批判される存在になっているんだ。

結局、批判されなかったのは一貫してトップの位置に居続けた宮本氏くらい。でも、ほとんどの幹部が批判される対象になるって、普通に考えたら、日本共産党ってロクなやつがいなかったということにもなるんだよね。いろんな人を批判するのは勝手だけれども、日本共産党の過去を否定するようなものでもあるんだ。

上念　韓国の歴代大統領もその座から降りると批判を浴びますが、それに似ていますね。

筆坂　徳田氏だって戦後初代の書記長で、当時は「トッキュー」なんて呼ばれてもてはやされていたわけだよ。

上念　逆に、志位氏が将来、完全に権力を握ったら、不破氏を批判することもありうるんですか。

筆坂　ないと思う。そんなパワーは志位氏にはないな。やっぱり、いまの綱領は前の綱領が宮本綱領だとすれば、不破綱領とも呼べるものなんだよね。だから、それを書いた不破氏を批判することはできないだろうね。そもそも志位氏が不破氏が書いた新しい綱領を普及させる先頭に立っているわけだからね。

上念　でも不破氏も年齢的には九十歳近くですよね。

筆坂　そろそろ引退を迫らないと、今後は志位氏自身が下から「いつまで好き勝手にやらせているんだ」と突き上げを食らってもおかしくはない。「首に鈴をつけるのは志位さんでしょう」といわれていてもおかしくはないよ。実際に志位氏くらいしかいないんだから。

上念　志位氏が引退を迫ったら、宮本氏のように不破氏も「何か僕は間違っているのかね」なんていうんじゃないですか（笑）。

本当は今回のベネズエラの件なんて、まさにいい口実だったんですけれどもね。

独裁政治を生み出す共産主義という悪夢

第5章

ソ連崩壊と日本共産党

上念　基本的に共産党のしくみはマルクスがユダヤ人だったこともあって聖書に似たところがあります。神の言葉を預かった預言者が世の中のすべてを説明できるみたいな。共産党的な文脈でいうなら、ある天才がすべてを知っているという設定です。だから、その預言者の言葉をみんなで学習して、お互いに洗脳し合って盛り上がっているわけです。もし預言が外れたり矛盾点が露呈したりすると都合よく解釈を変える。

ところが日本共産党の場合、不破氏がずっと方針を間違えまくっていて、どうにも言い訳ができないところに来ちゃっているんですよね。

だから本当はこれ以上は不破氏が恥をかかないように志位氏が早く引退をさせてあげないといけないんですよ。

筆坂　一九九一年のソ連の崩壊はとても大きかったんだよね。

共産党員はソ連がいい国だとは思っていなかったし、ソ連共産党とずっとケンカしていたから、それほどショックは受けなかったけれども、振り返ってみたら社会主義の展望自体が持てなくなってしまったわけだよね。やはり社会主義という言葉は、ソ連が存在していたから、なにがしかのリアリティがあった。ソ連が崩壊してしまうと、それがなくなってしまった。

それだけではなく、当時「保革対決消滅論」というのが出てきた。それまで日本政治の構造は「五五年体制」と呼ばれてきた。一九五五年に日本社会党と自民党が誕生したからだ。この体制というのは冷戦構造を日本の政治体制に引き写したものなんだ。自民党は資本主義陣営を代表し、社会主義陣営を日本社会党が代表していた。ところがソ連が崩壊したので、もはや革新のよりどころはなくなった。だとすれば、日本国内でもいまさら保守も革新もないだろうという議論です。

日本共産党はこれに猛反発しました。日本社会党と「われこそが革新だ」と争っていたのが日本共産党です。日本共産党は日本社会党に対抗して「真の革新」を標榜していた。その革新が消滅したのでは日本共産党の存在意義そのものが揺らぐわけですから。

しかし、いつの間にか日本の政治からも革新という言葉は消えちゃった。だから日本共産党はソ連崩壊によってものすごく否定的な影響を受けたんです。

ヨーロッパでも同じで、フランス共産党やイタリア共産党も資本主義国で一、二を争う規模だったけれども、なくなってしまった。

フランスとイタリアの共産党がソ連から「ユマニテ」「ウニタ」という党の機関紙を大量に購入してもらい、実質的な資金提供を受けていたことが崩壊後に表に出たことも大きかったね。

そのとき、宮本顕治氏はどんなアドバイスをしたのか

筆坂　ソ連や東欧諸国の社会主義体制に問題があることは日本共産党の一般党員だってある程度はわかっていたと思う。たとえば東ドイツ（ドイツ民主共和国）から西ドイツ（ドイツ連邦共和国、現在のドイツ）へと亡命する人はいたけれども、その逆はいない。ソ連だけでなく、どの社会主義国も一党独裁国家だった。どう考えても「社会主義国のほうが問題があるのでは」と内心では気がついていたはずなんだよ。
でも日本共産党に所属していると、その点について根本的な疑問を持たずにやり過ごしてきた。社会主義革命が夢のまた夢になっていたこともあったから、社会主義国への関心そのものを失っていたんだと思う。

上念　筆坂さんが在籍していたときも、党員たちは疑わなかったんですか。

筆坂　疑わないというか、そもそも一九八〇年代あたりから社会主義に対する幻想や憧れみたいなものを、実際にはほとんど持っていなかったと思うんだ。だからソ連が崩壊して実際にショックを受けた共産党員はほとんどいなかったと思う。当時、日本共産党が目指していたのは社会主義日本ではなく、資本主義の枠内での改革だったから。

むしろソ連共産党と日本共産党はずっとケンカをしていて良好な関係ではなかったから余計にそうだったと思うね。ただ、そこは影響を過小評価していたと思う。

当時、日本共産党は宮本氏がトップだったけれども、〈大国主義・覇権主義の歴史的巨悪の党の終焉《しゅうえん》を歓迎する〉という談話を出してソ連の崩壊を歓迎する立場を取った。

この談話はもちろん防衛的なもので、「自分たちはソ連の共産党とは違う」と内外に向けて強調したかったわけ。ソ連の社会主義は日本共産党の目指す共産主義とは違うということを訴えてソ連を巨悪に設定しないと、党員にも支持者にも理屈が成り立たないんだよね。

その当時、国政選挙を前にして候補者たちを前に宮本氏が語った言葉も、私も候補者のひとりだったから覚えている。宮本氏はこんなことをいっていた。

「あなたがたは難しいことを話す必要はありません。ソ連崩壊についての難しいことは私たちが話します。あなたがたは何より共産党に入った動機を語りなさい」

難しい理論的な話は宮本氏や不破氏、上田耕一郎《うえだこういちろう》氏などの論客が対応するから、候補者たちには入党時の純粋な思いを語るように指導したんだ。このあたりの判断は「さすがだな」と思ったよ。

やっぱり日本共産党に入党するときに「出世して権力を手に入れたい」なんて思っている人はいなくて、「社会のために役に立ちたい」とか、「いい国にしたい」とか善意の気持ちで入党するんだよ。その思いを語りなさいといったわけだ。

あとは日本共産党候補者のお決まりの演説なんだけれども、日本共産党が戦争中に戦争に反対していたことと、自分の身内や知人が戦争で亡くなったことについて語ることを推奨していたよ。

上念　でも戦争で亡くなった人より共産主義国家によって殺された人のほうがはるかに多いくらいですよね。

共産主義は必然的に大量殺戮を招く

上念　一九九七年にフランスでステファン・クルトワが出版した『共産主義黒書』（邦訳・ちくま学芸文庫）という本がありますが、これにはソ連やアジアなどで共産主義国家がどれだけ多くの人を殺してきたのかが詳細に書かれています。

この本によると、おおよその数ですが、ソ連で二千万人、中国で六千五百万人、ベトナムで百万人、北朝鮮で二百万人、カンボジアで二百万人、東欧諸国で百万人、共産主義国家によって約一億人が命を失っていることがわかります。

筆坂　私が思うのは、共産主義革命というのは暴力によってしか起こりえないんだ。これまでの歴史を見ても、現実に暴力によってすべての革命は起きている。

ソ連はもちろん中国、ベトナムも、キューバだってそうだし、暴力なしの社会主義革命なんて起こっていないんだよね。

そういう手段でやっていくわけだから、必然的に独裁になっていく。反対する人は暴力によって弾圧するようになる。

だから、そういう意味で考えると、日本共産党が「議会を通じて多数派になることで社会主義革命の道を目指します」といったとたん、本質的にはじつは共産党ではなくなった。いまでは私はそう思っている。

たとえば中国の毛沢東《もうたくとう》は一九五七年十一月にソ連で開かれた社会主義陣営の各国首脳会議に参加したとき、当時のソ連共産党の指導者だったニキータ・フルシチョフが提唱する「西側との平和的共存論」に反発して次のような過激な「核戦争論」を語っている。

「核戦争になっても別に構わない。世界に二七億人がいる。半分が死んでもあとの半分が残る。中国の人口は六億だが半分が消えてもなお三億がいる。われわれはいったい何を恐れるのだろうか」といっていた。自国民が半分になっても構わないとまで言い切っている。そんな指導者が国民の人権を考えるわけがないよね。

上念　本当ですね。毛沢東は一九五八年から一九六一年にかけて農業と工業の増産を掲げて大躍進政策を実施しますが、その結果は中国経済の大混乱と推計五千万人の餓死者を出す大失敗に終わっています。さらに、みずからの権力維持のために文化大革命を引き起こし、数百万人から数千万人ともいえる犠牲者を出しています。

こうした実態を見ると、共産主義自体が独裁国家を生むしくみともいえるわけですよね。

「コミンテルン」と日本共産党

上念　ソ連をつくったレーニンは一九一九年三月に世界革命のための組織としてコミンテルン（共産主義インターナショナル、のちのコミンフォルム）を結成します。
　このコミンテルンは結成当初からそれまでの国際的な秩序を転覆させるための道具のひとつとして構想したものでした。

筆坂　コミンテルンも加入条件があって、軍隊的規律など、そうしたものを重要視している。社会民主主義系の政党は排除してレーニンやソ連に忠実な各国の共産主義者だけにしたんだよね。

上念　コミンテルンの暴力自体が加盟している各国の共産主義者たちに向いたこともあり、多くの人がスパイ扱いされて殺されていますね。

筆坂　コミンテルンというのは、そもそも世界革命を目的に結成された組織だった。それで、どこの国で革命が起きやすいのかを分析して世界革命をやろうとしていた。
　ただコミンテルンが結成後、一九二四年にソ連の当時の指導者だったレーニンが死去してスターリンが後継者になり、世界革命は無理だとみなした彼は一国革命論に方向転換していく。それによってコミンテルンの性質も変わっていった。

日本共産党もコミンテルンの指導を受けて、一九二二年七月にコミンテルン日本支部として結成された。非合法政党としての出発で、党員数も少なく、コミンテルンの指導を受けながら二七年テーゼ（日本問題に関する決議）や三二年テーゼ（日本における情勢と日本共産党の任務に関するテーゼ）などの綱領的文書が作成されたんだ。

どちらも日本共産党にとっての綱領ともいえる文章なんだけれども、このなかでは日本でも革命が起こる可能性があるかと思って見てきたけれども、どうも日本は革命がまだ遠い、革命の機は熟していないと分析していて、それよりは中国のほうが革命が起こる可能性が高い。だから日本共産党は中国の革命を支援し、ソ連邦を擁護するということが第一義的任務として強調されている。日本の革命はそれからだというわけなんだ。ずいぶん日本共産党をコケにした話なんだが、コミンテルン日本支部だから言いなりだったんだね。

その当時、実際にはソ連共産党やスターリンの言いなりなんだよね。実際に資金の提供もコミンテルンから受けていたはず。当時の日本共産党はそもそも党員もそんなにいないうえに非合法だから、資金的にも厳しかったんだと思う。

上念　だから最初から暴力前提の組織だったってことなんですよね。指令を出していたソ連のほうが、そういう方針だったわけですからね。

筆坂　もちろん二七年テーゼや三二年テーゼにはそういうことが書かれているからね。

日本での革命を挫折させた「二・一ゼネスト」の中止

上念　ソ連が指導する革命のやり方が汚いんですよね。敵を仲間割れさせて後ろから襲えというやり方。帝国主義同士の戦争が発生した場合に、共産主義者は平和が大事だなんてことはいっちゃダメで、全力で戦争を煽って混乱を引き起こすべきだと。全面戦争の泥沼に引きずり込んで、最終的に自国を敗北に導いて転覆を狙えといっています。

敗戦したときの混乱に乗じて革命を起こしますというのがコミンテルンのポイントで、日本でも一九四七年二月一日に実施が計画され、寸前のところでストップされた「二・一ゼネスト」は革命を起こすための策動だったと思われています。

筆坂　「帝国主義戦争を内乱へ」というのはロシア革命が生み出したスローガンであり、三二年テーゼにも明記されていることですね。「二・一ゼネスト」はダグラス・マッカーサーの禁止命令によって失敗するけれども、これは同時に日本の民主化を進めてきたGHQ（連合国軍最高司令官総司令部）の方針転換を示す事件だったね。それまで比較的労働組合に好意的だったGHQもこのとき以降、とても強硬になり、それまで占領軍を解放軍と考えていた日本共産党もこのとき以降、方針をめぐって混乱していくようになった。

上念　スターリンは経済的に困窮した人びとがやけっぱちになり、救済を求めて過激な思想にすがることを利用するようにいっていますからね。

筆坂　スターリンというのは強制的な農業集団化を強行し、これに同意しない農民には「富農」というレッテルを貼り、何百万人という人びとをシベリア送りにして死に追いやり、政敵の暗殺や大量の弾圧を平気でやった人物ですからね。

マルクス、エンゲルスの『共産党宣言』を読んでいない参議院議員のことを話題にしましたが、この本だって世界を著しく誤導したものだと思います。この本の第二章には、〈労働者は祖国をもたない〉という一文があり、最後は〈プロレタリアは、革命においてくさりのほか失うべき何ものをももたない。かれらが獲得するものは世界である〉〈万国の労働者、団結せよ！〉という有名な一文で結ばれている。

これについて和田春樹《わだはるき》氏は『歴史としての社会主義』（岩波《いわなみ》新書）で次のように指摘して

いる。

マルクスのこのプロレタリアートはユートピアの世界の主人公であって、現実の労働者ではない。産業革命期の悲惨な立場におかれた労働者は世界史的存在としての意識はもてなかったし、その生活が改善されるに応じて、労働者は失うべきものと祖国をもつようになるからである。

だから万国の労働者が団結することも起こりえなかったということなんですよ。

完全に外れたマルクスの予測

筆坂　当然ですよね。経済発展とともに豊かになり、失うものは鉄鎖じゃなくて労働者自身の財産なんですよ。当然に祖国も大事だということになっていく。マルクスとエンゲルスの予測は完全に外れてしまったんだよね。

上念　マルクスは何を勘違いしていたかというと、恐慌の原因は資本主義の欠陥だと考えていたことです。たしかに当時の資本主義の世界では恐慌がたびたび起こっていました。しかし、恐慌が起こった原因は資本主義の欠陥というより、むしろ金本位制でした。

金本位制はデフレ・レジームなので、金本位制をやっているかぎりは経済がデフレに陥りやすいんです。定期的に、だいたい五年に一回から十年に一回とかのペースで恐慌が起こる。

マルクスはそのあたりのことはわからなかったみたいで、それを資本主義の限界だと思い込んだようなんですね。

資本主義が限界にぶち当たると、大衆はヤケを起こして過激な考えに染まり、帝国主義の国同士で戦争が起こる。そのつぶし合いで資本主義諸国が壊滅的な打撃を受けるのでタイミングよく世界中で革命を起こす。マルクスはそんなお花畑みたいなことを考えていたんです。

しかし、本当の原因は金本位制でした。だから戦後、金本位制自体もどんどん改良されていくわけですよね。

たとえばブレトン・ウッズ体制においてはゴールドという金属に結びついた金本位制をやめて、ドルだけが金兌換《きんだかん》通貨で、それ以外の通貨はドルに固定相場でペッグする（一定に保つ）ことによって間接的な金本位制にすることにしました。

こうすることで、世界各国は金を奪い合わなくても、ドル紙幣さえ持っていればお金を刷っても大丈夫になりました。

アメリカがドルをいっぱい刷ると各国通貨もいっぱい刷れて、そのドルの保有量や外貨の保有量だけで通貨を刷ることができる制度ですから、世界的に貨幣量が増大しました。なおかつ戦争のときに我慢していた需要が爆発してすごく景気がよくなったんです。

日本共産党にすれば、戦後すぐに日本でゼネストを起こして革命を起こす予定が、ゼネストが中止になって狂い始めました。そのあとは朝鮮戦争の影響で朝鮮特需が起きて日本は戦後復興を成し遂げ、さらにそれ以降も年率一〇％を超える高度経済成長をしてしまった。もうこれで革命は起こせなくなりました。

筆坂　だからマルクスの想定が崩れているんだよね。

上念　それでもソ連が存在しているときなら社会主義のモデルが現実にあったから、なんとかイメージすることができた。
でも、そのソ連の社会主義体制が行きづまると、もう無理でしたね。そもそも社会主義は恐慌の影響を受けないということ自体がウソでしたから、それはいつかはバレる運命だったんです。結局、ソ連崩壊の原因のひとつには原油安もありましたから。思いっ切り市場経済の影響を受けております。

冷戦後に世界で激増した「珍左翼」たち

上念　一九八〇年代終わりから一九九〇年代にかけて日本がバブル経済に沸いていた時代には、本来主張すべき社会主義革命を運動のメインテーマに据えずに奇行に走り出した左翼のことを評論家の呉智英《くれともふさ》氏は「新左翼ならぬ珍左翼」と批判していました。

当時は道端で裸になってみたりとか、体にペイントしたりとか、奇抜なことをしないと左翼の集会やイベントに客が集まらない悲惨な状態になっていたんですね。そのことを揶揄したものなんですが、まさに「言い得て妙」でしたね。

すでに一九九〇年代前半で「珍左翼」と呉氏に揶揄されるほどバカにされていたんです。それがさらに縮小して、いまでは「ニッチ産業」になってしまった。

筆坂　日本ではパッとしないのに、ヨーロッパを中心に、海外では左翼の運動が盛り上がっているよね。

上念　それはなぜかというと、海外は経済的な困窮に何度も陥っているからなんですよね。とくにユーロ加盟諸国が置かれている状況は金本位制と同じデフレ・レジームなんで、たびたび恐慌みたいなことが起こる。欧州債務危機って何年かに一回のペースで発生しているじゃないですか。

そのたびに統一通貨であるユーロのシステムを守るために緊縮財政をやり、国内を緊縮して対外債務を浮いたお金で返していくしかない。

そうすると、国内は超緊縮以外の選択肢が取れない。若年者の失業率はどんどん上がり、仕事もないから犯罪をやるしかない。

犯罪をやって刑務所に入ると、イスラム過激派が刑務所のなかにも影響力を持っていて、そこで一種の学校みたいなことをやっているんです。

それでイスラム過激派に勧誘されてテロを起こすようになる。そういう負の連鎖がヨーロッパでは頻発しています。傍《はた》から見ていると、自分たちで経済危機が起こりやすい状況をつくって、自分たちで首をどんどん絞めている状況なんですね。

そのことによってマルクスが予言していたような世界が再び現実のものになりそうになっている。

だからフランスの「黄色いベスト運動」のような左翼っぽい運動が盛り上がっているんですが、ああいう運動も共通通貨ユーロをやめれば一発で解決します。各国の事情に合わせた金融政策を行うだけで、景気は相当よくなりますよ。

ＥＵ（欧州連合）を離脱しようとしているイギリスは、離脱ができれば「黄色いベスト運動」も大陸から飛び火してこないでしょう。

共産主義国による「歴史修正主義」

上念　愛国無罪という言葉がありますが、中国や北朝鮮などは革命のためならどんな悪事も正当化されてしまうところが恐ろしい。

それはコミンテルン自体がそういう体質を持っていた団体だということもあります。最初から非合法革命を目指しているわけで、手段を選ぶ必要はないと明言しているわけですから。

そもそも北朝鮮の朝鮮労働党は共産党ではありません。朝鮮労働党は共産主義ではなくチュチェ思想を信奉していて、通常は党と人民が存在するんですが、さらにその党の上に聖家族が存在しているんです。

それで党員からは絶対に聖家族にはなれない。この聖家族というのは人間にたとえると頭脳にあたり、党が神経で人民が細胞なんです。その細胞と神経がいくら頑張っても運動は全部つぶされちゃうと彼らはいいます。

それで、本当の自由、本当に人間が主人公の世の中をつくるには一糸乱れぬ行動で革命を起こしていないといけない。だから、それを主導するのは頭脳なんだと主張しているわけです。

さらに、その頭脳は革命的な血統を持った金《キム》一族じゃないといけない、無理だという理論なんです。

しかも、その革命的血統は何かといえば、抗日戦争を戦ったとか、実態のないウソばかりの歴史に則《のっと》っているんです。

有名な話ですが、金日成《キムイルソン》は抗日戦争の英雄などではなく、戦争中はソ連に隠れていた山賊です。戦後、ソ連軍に連れてこられて北朝鮮のトップに据えられた、ソ連による傀儡《かいらい》なんです。つまりウソと歴史歪曲《わいきょく》、そして史実のトンデモ解釈で塗り固められている。それがチュチェ思想なんです。

そんなウソ八百をよく信じるよなあというレベルの話なんですが、学校の先生などがけっこう信じていて、教職員組合のOBにはチュチェ思想研究会に入っている人も多い。

韓国の全教組（全国教職員労働組合）という教員組合も完全にチュチェ思想を信奉する人たちが入り込んでいたようですが、そういうカルトが入りやすい土壌があるのかもしれませんね。

筆坂　韓国は抗日戦争を戦っていないという負い目を持っているから、金日成に対して「ちょっと違うな、すごいな」と思ってしまうみたいなんだよね。実際には金日成だって抗日戦争を戦っていないし、そもそもソ連が伝説の抗日戦争の将軍の名前を若者につけて連れてきただけなのにね。

中国は「共産主義国家」ではない

上念　ここ三十年で異常なまでの経済発展を遂げた中国は、果たして共産主義国家といえるんでしょうか。

筆坂　現在の中国共産党を社会主義政党だとは、もはや誰も思ってはいないよね。中国共産党による一党独裁体制にはあるけれども、中国という国が社会主義体制の国だとは誰も思っていない。一党独裁体制の資本主義国家とみなされている。

それはキューバも同じで、共産党という政党による一党独裁の国というだけなんだよね。

上念　そうですね。共産党の支配体制が続いているというだけで、社会主義や共産主義の国ではありません。

中国が今後どのように変化するかはアメリカ次第。いま、貿易交渉をやっていて、中国はようやく外資に対しても門戸を開く法律を整備すると約束したけれども、実施は二〇二〇年の一月からなんてことをいっている。

それに付随して行政機構を動かす法律をつくらないと結局、アメリカは納得しないでしょう。実際に二〇一九年の五月初旬に交渉は事実上決裂しました。

筆坂　中国のなかで経済的な混乱状態が起これば何か変化はあるかもしれないが、いまのところはない。もちろん格差の拡大はひどいだろうけれども、昔に比べたら現状の経済発展に満足している人は多い。

一九九〇年ごろは、中国経済は日本の経済に比べてとても規模が小さかった。

現在のような経済発展が続いているかぎり、国民の不満は政治システムにはそれほど向かないんじゃないかな。将来的な話は別にしておいてね。

普通は経済が自由化されればされるほど、政治が一党独裁のままだと上部構造と下部構造が合わないから反発が起きる。

でも、その不満を吸い上げるだけの経済のパイの大きさが、いまの中国にはあると思うんだ。

だが、いつまでもこれが続く保証は何もない。現に中国国内では共産党幹部の腐敗と貧富の格差などを原因とする暴動や騒乱事件が頻発し、その数は年間二十万件を超えるといわれている。党幹部の腐敗や汚職が摘発される件数が年間約五万件という報道もある。国土も広く、人口も多い、共産党幹部の数も多い。それだけに腐敗のはびこり方も尋常じゃないんですね。

近い将来、この怒りが共産党一党独裁に向かう可能性は十分にありますよ。

ＡＫＢ48のアジア進出が中国を崩壊させる

上念　現在の中国にとって台湾が非常に脅威になっているというのは、まさにその点ですよね。

筆坂　台湾は民主主義が浸透していて、二大政党による政権交代も頻繁に起きている。李《り》登輝《とうき》氏によって民主化が推進され、一九九六年から直接選挙で総統を選ぶしくみが導入されましたが、すでに三回も政権交代が起きていて、非常に浸透していますね。

上念　そうなんです。中華皇帝なしに漢《かん》民族でも民主主義ができるという生きた証拠になっています。中国政府が台湾を全力でつぶそうとしているのは、そこですよね。

評論家の石平《せきへい》氏がいっていましたが、だから日本やアメリカが台湾の民主主義を支援することは中国を自壊に導くひとつのルートになりうるんですよね。

筆坂　台湾というモデルがあれば、中国のなかでも民主主義の導入を叫ぶ声が出てくるし、そのことは中国政府にとって十分脅威になるだろうね。

上念　はい。シンガポールも独裁に近い統治構造だけれども、台湾では過去に政権交代が実際に起きています。中国本土から「台湾にできて、なんで俺たちができないんだ」って声が出てもおかしくない。

筆坂　今後は中国も「一党独裁がいい」という声はずっと減ってくると思うよ。

そこは中国にとって困るところでしょう。

上念　そういう面では冗談みたいな話ですが、総選挙が売りだったAKB48（フォーティエイト）グループがアジアに進出していることは大きいかもしれません。中国に総選挙文化を植えつけてくれるわけですから。

成長した共産主義国家は「開発独裁」を行っている

筆坂　ベトナムは一党独裁だけれども、うまく考えていて、ベトナム共産党は集団指導体制を採用しているんだよね。

これは独裁者が登場しないためのひとつの知恵なんだ。中国の場合は習近平《しゅうきんぺい》の独裁体制に近くて、北朝鮮は世襲による完全独裁。

それが果たしてうまくいくかっていうのは別の話だけれども、ベトナム共産党はそういうのを恐れて集団指導体制にしているようだね。

ベトナムは経済発展が遅れているからこのままでこられたけれども、今後はもたないと思う。やはり中国とは国の規模が違うから、これから経済が発展して、自由化がどんどん進んでいって、世界にも出ていき、交流も深まるということになれば、政治体制の見直しを求める声も多くなるでしょう。
　ただ開発独裁という言葉があるように、独裁のほうがある時期ではうまくいく面もあるんだよね。

上念　決定が早いほうがいい場合もありますからね。民主主義体制は合意形成が難しい場合もありますから。

筆坂　韓国の朴正熙《パクチョンヒ》元大統領（在任一九六三〜一九七九年）は開発独裁の典型でしたが、「漢《ハン》江《ガン》の奇跡」と呼ばれる経済復興を成し遂げたように、ある時期までは開発独裁という選択肢もあるんだよね。朴正熙に対しては軍事独裁という批判が韓国内にもあるけれども、人気もある。だから娘の朴槿恵《クネ》も大統領になれたんでしょう。

上念　ゼンショーグループを経営する小川賢太郎《おがわけんたろう》氏も同じことをいっていて、印象に残っています。小川氏は吉野家《よしのや》が以前倒産した際に数人で退職してゼンショーを起業したんですが、そのとき、最初は一〇〇%自分で出資したらしいです。
「こういう小さい企業だから、最初は独裁でやらせてほしい」ということだったらしいんです。それで、ある程度の規模になったら民主政治に移管するといっていたらしいんですが結局、民主政治には移管しなかったようです（笑）。

筆坂　あと、キューバについていえば、医療の無料化のように社会主義的な政策を実施している。ベネズエラもキューバから医師の派遣を受けていたくらいだからね。貧しい国だけれども、それなりに社会主義的なことをやっているんだよね。それで国民の不満を抑えることができていたんじゃないかな。

「ソビエト型計画経済」の致命的な欠陥

筆坂　ソ連の経済システムは、いま考えてもひどかったね。共産党の官僚独裁みたいなものだから、一般市民には本当に自由がない。

好きなものを消費するということもできないんだ。たとえば洋服のボタンひとつとっても種類が圧倒的に少ない。

消費者の立場に立たず、管理する党官僚の立場に立つから、笑い話だけれども、機械製品の生産高を重さで量っていたというからね。

上念　百万トンのネジをつくると決まったら、一トンのネジを百万個つくるんですよね。誰が使うかはわからないですけれども。

筆坂　そういうやり方なんだよね。
計画経済というのは、さまざまな欲望を抱える人間の実態にかなうしくみではないんだ。それぞれの国民が欲しているものを考えることはできないからね。それは市場に任せるしかない。何を市民が望むのか、消費者が何を望むのかを無視して計画を立ててもうまくいくわけがないんだよね。

上念　どんなに官僚が賢くても、そんなことは計画できないはずなんですよ。

アップル創業者の故スティーブ・ジョブズは天才だから、みんなが欲しいものをなんでも知っているという態度でした。しかし、アップルと共産主義国家の最大の違いは、アップルは、もし売れなかったら損失が出てすぐに株価が下がるわけです。つまり失敗するとキツイお仕置きが待っている。ところが共産主義国家だとそういうことはない。

外部からの審判や競争がある点がアップルと共産主義国家を分けるわけです。

たまたまキューバは医療をやっているけれども、私はあの体制でいいのかといったら、かなり疑問を持っています。

筆坂　アメリカなどもキューバに経済制裁せずに、むしろ市場を開いて経済交流を活発化させたほうが効果的な気がするよね。一党独裁より資本主義のほうがいいとキューバ国民が気づくかもしれないんだから。

上念　キューバは、いまでもクラシックカーみたいなのが走っていますからね。

筆坂　そうすると、共産党の一党体制っていうのはすぐ崩れると思うよ。

野党共闘が安倍政権に永久に勝てない理由

第6章

日本共産党が唱える「本気の共闘」の行方

筆坂　二〇一九年夏の参院選に向けて、日本共産党は相互に推薦し合う「本気の共闘」じゃなければいけないと主張している。

上念　この前の衆院選では日本共産党の支持者が立憲民主党や無所属の候補者を一方的に応援するだけで、日本共産党自体が得票をその前の二〇一四年の衆院選から伸ばすことはありませんでした。

筆坂　そう。だから自分たちがほかの野党に与えるばかりではなく、ギブ・アンド・テイクにならないとダメだといっているんだよね。

ただ、その方針にほかの野党が乗ってくるのかといえば、それは微妙だね。日本共産党のほうだって、その方針をどこまで貫くことができるかどうか。

貫いたはいいけれども、結果的にほかの野党から相手にされずに最終的に孤立してしまったら意味がない。そうなると地力で勝てないわけだから、結果的に党員の活力も奪ってしまう。

やっぱり党員や支持者は野党共闘に対して、ある種の希望を抱いて期待しているからね。志位氏や小池氏も「二十一世紀の新しい政治の流れだ」なんて騒いで、「第三の躍進の時期が始まった」なんていっていたからね。

でも「第三の躍進の時期」なんて騒いでいたけれども、結局、二〇一三年の参院選と二〇一四年の衆院選で議席がひさびさに増えただけで、二〇一七年の衆院選では立憲民主党に左派系の有権者の票が流れたせいで、議席は二十一議席から十二議席へと減らしたからね。

躍進の時期も実際には一年から二年くらいの短期間で終わったわけ。彼らがはしゃいでいるのを見ていて、私は本当にバカだなあと思ったよ。

だいたい躍進の時期に番号をつける時点でおかしい。

第三の躍進ということは過去に第一の躍進と第二の躍進があって、どちらともそのあとには停滞したことが明らかなんだからさ。こういうふうに数を数えている時点で、躍進のあとに必ず……。

上念　番号をつける時点で、停滞が前提になっちゃっているわけですね。

筆坂　うん。それのどこが不破氏の「科学の目」の分析力なのかと思うよ。

そのときに傑作だったのは、最初は「第三の躍進の時期」ではなくて、「第三の躍進の波」っていっていたんだよ。選挙のあとに常任幹部会でそんな総括をして発表したんだ。そのとき、ちょうど読売《よみうり》テレビの「たかじんのそこまで言って委員会」から私に「共産党について話してほしい」という出演依頼があったんだ。番組のプロデューサーから、「筆坂さんが出演すると共産党の議員が来てくれないからコメントでお願いします」といわれてね。

それで私は「〝第三の躍進の波〟なんていって騒いでいるけれども、波は必ず引きますよ」とコメントしたんだ。「寄せては返す波のように」なんて歌があったくらいだからね。そうしたら、そのコメントがこたえたのか、すぐに波という言葉は使わなくなり、いつの間にか「第三の躍進の時期」といいだした。

上念　セコいですね。

野党の論争がこれっぽっちも面白くない理由

筆坂　日本の政党間の論争を見ていると、自民党と立憲民主党と日本共産党の論争を見ていても面白くない。本当は自民党のなかの論争を見たほうが面白いんだよね。かつては派閥による争いがすさまじく、それがエネルギーになり、政策論争にもなっていた。田中角栄《たなかかくえい》、三木武夫《みきたけお》、福田赳夫《ふくだたけお》、大平正芳《おおひらまさよし》、中曽根康弘……三角大福中《さんかくだいふくちゅう》といわれていたみんなが争って、最終的には全員が総理大臣になった。

あの時代は同じ自民党でも派閥が違えば、田中派なにするものぞ、福田派なにするものぞってお互いに言い合っていて真剣に争っていた。ある選挙区に行くと、自民党の候補者が派閥ごとに四人も五人もいて、まず日本社会党に勝つより自民党の他派閥の候補者に勝つほうが大変なくらいだった。

上念　保守同士の争いのほうがむしろ激しかったですよね。

筆坂　だから小渕恵三《おぶちけいぞう》氏などは中選挙区時代の群馬三区で福田赳夫氏と中曽根康弘氏という派閥の領袖に囲まれて「ビルの谷間のラーメン屋」「米ソ両大国の谷間に咲くユリの花」などと自嘲しながらもしたたかに当選し続けて、最終的には総理大臣にまでのぼりつめた。そういう切磋琢磨《せっさたくま》が大事なんだよね。そのほうが自民党も活気が出ると思う。小沢一郎《おざわいちろう》氏が主導して小選挙区制を導入する政治改革をやったけれども、この二十五年の政治の劣化を見れば、決してよかったとはいえない。

朝日新聞に巣くう「左寄り」のDNA

上念　朝日新聞をはじめとするマスメディアは、いまだに左寄りの報道をしています。

筆坂　かつて朝日新聞に所属していた永栄《ながえ》潔《きよし》氏の『ブンヤ暮らし三十六年』（草思社《そうししゃ》）を読んだけれども、面白かったね。朝日新聞の行動様式がよくわかった。

ひとつだけ紹介すると、永栄氏がベトナム戦争で北ベトナム（ベトナム民主共和国）がサイゴン（現・ホーチミン）を陥落させたあと、北ベトナムの将軍が「南ベトナム内に配下の共産勢力を浸透させ、解放戦線を汲《く》み上げるマル秘作戦が実を結んでの大勝利だった」などと語っていることが北ベトナム労働党機関誌「ニャンザン」に掲載され、それが「赤旗」にも転載されていたそうなんだ。

ここでいう解放戦線とは「南ベトナム解放民族戦線」のことで、当時の朝日新聞のスタンスは、解放戦線は「南ベトナムの民主勢力がみずからの手で組織したもので、北は関係がない」というものだったそうだ。そこである編集委員に質問状を出したところ、従来の立場どおりの回答があったそうだ。ところが、その回答の原稿用紙がなんと日本共産党の機関誌「前衛」のものが使用されていたというんだ。しかも、この編集委員は退職したあと、ある雑誌に「南ベトナム民族解放戦《マ》線《マ》が北ベトナムによって組織されたものであることは当然知っていた」という趣旨のことを書いていたという。要するに事実より社の立場が優先されている。はじめに答えありきなんだよね。

上念　そうですね。私もこの前、ネット番組で朝日新聞の鮫島浩《さめじまひろし》記者と討論したんですが、彼は「慰安婦の問題を謝ったじゃないか」なんて開き直っていました。実際には何も反省していないわけです。英文の記事を埋め込んで検索できないようにするとか、そんなセコいことばかりいまだにしている。結局、こちらが「誤解に満ちた表現なんじゃないのか」と反論すると、何も言い返せませんでした。

ああいう報道は、もはや意図的にやっているんでしょうね。しかも、あとで知ったんですが、鮫島さんこそが福島第一原発のフェイクニュースをしかけた張本人なんだそうです。吉田昌郎《よしだまさお》所長の命令を無視してみんな逃げたというウソ記事。あれで社長が辞任まで追い込まれましたよね？

朝日新聞にかぎらず、マスコミは基本的には共産党びいきとまではいいませんが、左がかっています。新聞自体がオワコン化していますが、いまだに一定の影響力はあります。日本共産党としては、ポンコツでもメディアは味方につけたいところかもしれません。

ですが、私が日教組の先生から薫陶を受けたころは、日本共産党の人たちにとって、朝日新聞などのマスコミは「商業新聞」と揶揄し、批判する対象だったんですよね。

筆坂 ブルジョアマスコミ、ブル新（ブルジョア新聞）なんていっていたよ。

上念 私が影響を受けた先生を含めて当時のスタンスは「赤旗」以外のメディアは全部ダメ。「商業新聞は売れればそれでいいと思って書いているけれども、その点、『赤旗』だけは違う。本当のことしか書いていません」なんていっていました。

でも、いまはそんなふうに批判する気概はないですね。「商業新聞」なんて言葉を久しく聞かなくなりました。

筆坂 朝日新聞も昔は日本社会党寄りの紙面だったね。だから日本社会党系と日本共産党系の団体が別々に同じような趣旨の集会をやっていると、いつも日本社会党系の集会ばかりが紙面では大きく取り上げられていて、文句をいったものだよ。

立憲民主党の「機関紙」として生き残りを図る朝日新聞

上念　いまはそういう意味でいえば、朝日新聞は立憲民主党に寄せていますね。一時期は小池百合子《こいけゆりこ》東京都知事も持ち上げていましたが、彼女がリベラル派議員の「排除」に言及し始めると一気に立憲民主党を擁護するようになりました。

朝日新聞は情報弱者を騙すのが得意なんで、いまでもテレビを見る人や新聞を読む人という一定層を相手に、セコい商売を今後も細々《ほそぼそ》とやっていくんでしょうね。

筆坂　でも最近の朝日新聞はインタビュー記事ばかりで、オリジナリティのある記事は本当に少ないね。電車のなかで新聞を読む人もいなくなった。

上念　現在は、新聞はもちろんテレビも見られなくなっている。朝日新聞の読者のメインはもう七十代だといわれていますからね。若い人はYouTubeで、そもそも紙に印刷された活字を読みません。

おそらく、このまま読者が減少していくと販売店のしくみの維持が困難になるといわれています。

新聞だけでなく、テレビもインターネットに食われて、インターネットの動画配信と競合していますからね。

それでいて既存のテレビ番組はつまらない番組ばかりやっている。これでは誰も見ませんよ。

しかし、野党はそんなオワコンのマスコミに媚《こび》を売るかのようにメディア受けするようなパフォーマンスをいまだにやっています。わざわざ「#Me Too」のプラカードを持って歩いてみたり、委員会での採決時に与党議員に暴力を振るってみたり。

あと、立憲民主党の枝野幸男《えだのゆきお》代表が二〇一八年の通常国会の終盤に内閣不信任案提出の趣旨説明演説で二時間四三分もの長さのフィリバスター（議事妨害）をやって、演説内容を出版までしましたが、全然売れなかったみたいですね。

もう多くの人はそういうパフォーマンスにすぎないとみなしていて、距離を置くというか冷め切っています。

菅義偉官房長官を叩く東京新聞・望月衣塑子記者の本当の狙い

上念　東京新聞の望月衣塑子《もちづきいそこ》記者も菅義偉《すがよしひで》官房長官の記者会見に出席して話題になりましたが、望月記者のことを知っている人も実際にはそんなにいませんし、知っている人の半分以上は彼女を好意的に見ているわけではなくバカな人だと思っているわけです。

でも、望月記者にとってみたら、そういう冷静な判断ができる人をお客にして活動しているわけではないんです。

わかりやすいパフォーマンスに引っかかる情報弱者だけが対象だから、記者会見で食ってかかることなんて、いくらでもやれるわけですよ。

筆坂　菅官房長官にケンカを挑んだ人物として本人の知名度を上げることが何より重要なんだろうね。

上念　ええ。話題をさらって「反アベ」の記者として名前を売り、それをもとに講演をしたり、将来政治家になろうとしたりしているんでしょう。最近はメディア出身で野党から出馬する人も増えていますからね。

元TBSキャスターで立憲民主党参議院議員の杉尾秀哉《すぎおひでや》氏などが代表例ですが、本当に下品な質問のしかたをしています。

筆坂　野党は国会での追及もへたになったよね。プラカードとクイズ。外でデモをやっているんじゃないんだから、プラカードなどやめて、言論の府らしく質問内容で勝負すべきだよ。ああいう野蛮なやり方は、本当は禁止すべきなんだ

質問のときにわざわざこれみよがしにパネルを出す議員もいるじゃない。ああいう質問のしかたは嫌いだね。本当はベテラン議員なりが諫《いさ》めたり、たしなめたりしないといけないんだよね。

上念　昔の日本共産党は国会でもよく調査していて、ズバッと切り込むことがありましたが、いまは吉良佳子氏みたいな人しかいません。

たいした質問ではなくても、それでも「赤旗」では鋭い質問をした、頑張ったなんて書いてくれるわけですからね。まさに予定調和でほめ合って、どうしようもない。

筆坂　そうそう。私の議員時代は同じ党内のほかの議員でも、質問がイマイチだったり迫力がなかったりしたら、私は平気で批判したから、いやがられたよ。

でも野党の議員にしてみたら、やっぱり予算委員会で質問に立つというのは何よりアピー

ルになるから、準備も用意周到にしたし、必死になってやっていたよ。いまは質問内容より、どうアピールするかしか考えていない人が多いから残念だよね。

辞任した桜田義孝《さくらだよしたか》大臣にも「オリンピック憲章を読んだのか」なんて細かく聞いていたけれども、それが本当に大事なことなのか、と思った。

二〇〇五年の郵政解散の際のテレビの党首討論で、ある女性キャスターが巨大な郵政民営化関連法案のパネルを示しながら、「党首のみなさんは当然読まれていると思いますが」といやみたっぷりにしゃべり始めると、小泉純一郎総理が間髪入れずに「読むわけないだろう」と一蹴してそれで終わり。他党の党首もホッとしたと思うよ。読んでないもの。当たり前なんだよね。普通は大事なところ以外は読まない。そのために秘書やスタッフがたくさんいるんだからね。

上念　結局、クイズをやって、それで鬼の首を取ったかのように騒いでも、なんの意味もないですよ。しどろもどろになる桜田大臣の姿を見て政治家をバカにしたい老人などが喜ぶんでしょうけれども。

ありがちですが、老人でちょっと学歴が高い高齢者がそういう場面を喜ぶそうなんです。「政治家のクセにバカだな」とあざ笑って溜飲《りゅういん》を下げたいんでしょう。自分よりバカなやつが政治家をやっていることに対しての嫉妬心があるんでしょうね。いい年をして学生時代の模擬試験の順位を自慢するバカなおじさんに遭遇することがありますが、あれと同じですよ。

筆坂　昔から左翼的な知識人に対して「あの人は良心的な人だ」なんていう言い方を日本共産党の人はするんだけれども、いまだに日本のマスコミはその流れを継いでいるところがある。ＴＢＳや朝日新聞、毎日《まいにち》新聞も良心的なメディアだという自負があるんだろうね。

この良心的というのはイコール左翼ではないけれども、心情的には左翼寄りなんだよ。

上念　シンパシーがあるわけですね。

「反アベ」以外の中身がゼロの野党

上念　なぜ、安倍一強なのかということがいわれているけれども、これは説明するまでもなく、単純に自民党以外の野党が弱いから。それ以外の理由はありません。

筆坂　まったくそのとおり。

上念　対案を示さないし、そもそも対案となるような政策を考える能力もなければ展望もない。自民党に代わろうとするやる気もないんです。

筆坂さんもよくおっしゃっていますけれども、これが五五年体制の時代には、野党側には社会主義の幻想がまだあった。

でも、その幻想が一九九一年の冷戦の崩壊によって完全に潰《つい》えたわけですよね。

そのあと、何かそれに代わる理念をこの三十年近くのあいだに立てることができたのかといったら、できていないわけですよ。

口から出るのは「反アベ」「反自民」。これでは支持を獲得できません。何かに反対しているというだけではなく、これがやりたい、これのほうがすばらしいという訴えではないのだから、支持が広がるわけがない。

筆坂さんのお言葉を借りると、そうした軸を立てるのではなく、ずっとニッチ産業をやっているわけですよね。本来の本業がもう全然ダメで、本業となるはずの社会主義革命が全然勢いがないから、ニッチ産業でアピールするしかない。

それが「弱者のため」とか、LGBTとか、アイヌとか、沖縄とか、そんな感じになっている。もっと国政の政党なら対立軸となるような大きなテーマを掲げるべきなんです。

たとえば沖縄の反基地運動には、明らかに外国の介入があります。

韓国の親北派でチュチェ思想団体であるオモニの会が北朝鮮への制裁解除を訴えて沖縄県庁前でパフォーマンスをしました。沖縄の反基地闘争に「加勢」するためにやってきたのに、いったい何を考えているんでしょう。

さらに反基地運動やかつての反原発闘争には新左翼のなかでも組織を叩き出されたアウトローみたいな活動家まで入ってきていて、現地で活動家同士の暴力事件を起こすようなグチャグチャなレベルにまでなっています。

日本共産党は、いまはそうした勢力とも野合して共闘関係を結んでいるようですが、これはおかしいですよね。

筆坂さんがいたころは、日本共産党は、そういう新左翼系の団体とは一線を画していました。

まず「赤旗」で彼らに対して筆誅《ひっちゅう》を加えていました。「左翼を名乗っているけれども、逆に公安警察に泳がされていて、われわれを弾圧するための口実になっている人たちで、日帝の味方なんです。気をつけてください」と指摘していました。

ちゃんと理論武装して的確に反論していましたよ。たとえば、かつての新左翼の連中が右翼の大物である田中清玄《たなかせいげん》とつるんでいた証拠を出して批判をするとか、昔はそういうところがありました。ですが最近は違う。
力がなくなってきて、野党共闘だからということで、そういう部分には触れない感じになっている。日本共産党ですらその状態です。

マイノリティ保護だけが売りの立憲民主党

上念　さらに立憲民主党になると、そもそも政権を取る気がない。情報弱者を騙すために活動家たちとつるんで、権力の横暴とか、そういうマスコミ受けするストーリーをつくり込んで、一部のマスコミと組んで人びとを騙すようなことばかりやっている。まともな政策なんて何ひとついわずに、安倍政権に言いがかりをつけているだけです。
自民党も既得権バリバリの利益誘導政党で問題はありますが、野党がいまの体《てい》たらくでは、その自民党ですら倒せないわけです。

筆坂　やっぱり左翼の軸がなくなったことが大きいね。ソ連が崩壊したことによって「保革の対決はなくなった」ということがいわれた。
でも、そのときに必死になって、「そんなことはない」といっていたのが日本共産党なんだ。なぜかといえば、保革の対決がなくなったら、革新がなくなったってことになるんだから、それは自分たちの存在意義がなくなることとイコールだったわけ。

けれども、あるとき、ふと気がついたら、日本共産党の文章から革新って言葉がいつの間にか消えていたんだよね。

それは私が政策委員長だったときに、どこかの新聞社から「最近、共産党の文書のなかに革新って言葉を見ないんですけれども」という問い合わせがあって気づいたんだよ。驚いて調べさせたら、結局、残っているのは「革新自治体」という言葉だけだったんだ。

昔は日本社会党と日本共産党が、どちらが日本における革新なのかをめぐって本家争いをしていたんだよね。

それで規模が日本社会党のほうが大きいから、日本社会党は「われわれが革新の本家である」と主張していた。それに対して規模が小さい日本共産党は「真の革新は共産党である」と主張していた。

でも、あとで考えたら、革新って言葉は、要するに日本社会党と日本共産党のあいだで論争のために使っていたような言葉だったわけ。

ただ少なくともソ連共産党が崩壊するまでは、革新っていう概念は残っていたんだよね。

日本の政界には革新勢力や革新自治体って言葉があった。それが冷戦の崩壊によって見事に一気になくなった。

つまり日本共産党や日本社会党にとっての存在意義みたいなものがなくなっちゃった。日本社会党までなくなってしまった。

日本共産党も競争相手の日本社会党がなくなったあとに「われこそは革新」と誇ってみたって意味がない。だから日本共産党のなかから革新という言葉が事実上消えていったんだよね。

左翼が完全によりどころや軸を持たないことになってしまった。

だから自民党に対抗できるわけがない。対抗軸もないし、現状に代わる社会像を示していないんだから。だから上念さんもいっていたけれども、「ニッチ産業」のような政策しか掲げられない政党になってしまった。

たとえば最近の選挙でもＬＧＢＴを大々的に看板にしている。ＬＧＢＴ問題を取り上げたらいけないといっているのではないよ。もちろんそれも政党が掲げるひとつの重要政策ではある。

でも、それが本当に日本全体でいちばんの大問題なのかといえば、そんなことはないはずだと思うんだ。

マイノリティの権利を守ること自体はすばらしいことだけれども、果たして政党が掲げるいちばんの問題点なのかとも思うんだよね。

結局、左翼が戦後から標榜してきた民主主義だとか人権だとかは全部実現してきたんだよね。だから、やることがなくなってきて存在意義を失っているわけ。

日本共産党もその存在意義を見つける行程を一九九一年から続けているわけだから、三十年近く自分探しをしている状態に近いと思う。社会主義や共産主義を訴えても現実が違うわけだからね。

不破氏だって二十一世紀から二十二世紀にかけて社会主義革命が実現するといっているけれども、聞いているほうにしてみたら、「おいおい、いつの話だよ。話聞いている人、みんな死んでるよ」と思うわけだよね。

上念　やっぱり日本共産党を含めた野党がだらしないから、自民党が栄えているだけなんですね。

筆坂　そうなんだ。自民党自体が強く支持されているわけでもない。世論調査を見ても、自民党支持者に「安倍さんが絶対にいい」と思っている人もそれほど多くはない。

誰の味方なのかまったくわからない野党の政策

上念　一方でメディアからタカ派のイメージで報じられる安倍政権は、政策自体はリベラルと呼ばれる人たちからも支持されるような政策をうまく取り入れていますよね。女性の活躍推進や大企業に対しての賃上げ要請、働き方改革なども推進しています。

筆坂　そのとおりだよね。いま、そういう意味でいえば、保守と革新の違いがない。だって革新がないんだから。

だから本来の保守なら、ああいう政策を取り上げてもおかしくはないんだ。経団連に給料を上げてくれよといったって変ではない。「官製春闘」という言葉もあるけれども、かつてのように労使ではっきり争う時代ではなくなってきた。そもそも非正規社員が増えて労使間以上に正社員と非正規社員の待遇格差の問題のほうが重要になっている。

上念　私はヨーロッパの左翼政党の標準的な政策である金融緩和を日本の野党勢力が採用しないことが不思議です。唯一、これを提唱しているのは「れいわ新選組《しんせんぐみ》」くらいです。しかし、あまりにもキワモノすぎるし、そもそもベースになっているのがMMT（現代貨幣理論）という数学モデルの存在しないトンデモ理論です。

あと、イギリス人のマルクス主義地理学者のデヴィット・ハーヴェイの著作に『新自由主義　その歴史的展開と現在』（邦訳・作品社《さくひんしゃ》）という本があるんですが、この本では「新自由主義」の問題点を批判しています。

「新自由主義」が何かといえば、大企業に対して政府が補助金を与えたりとか、税制上の優遇措置を与えたりとか、それから大企業が有利になるような法規制をして、大企業と政府が結託して企業を肥え太らせている実態のことを指すんですが、この本では先進諸国で政官財のトライアングルが構築されていることを強く批判しています。

ですが、日本共産党や野党は日本では「規制を守れ」と規制緩和を強く批判します。逆なんですよね。なぜか既得権者を守るような主張ばかりしていて、「どうなんだ、それ」って感じですよ。

それと、これは日本共産党ではありませんが、立憲民主党や国民民主党には官僚出身の議員も多いです。

とくに国民民主党には非常に多い。代表の玉木雄一郎《たまきゆういちろう》氏自身が財務省出身です。そのほかにも古川元久《ふるかわもとひさ》代表代行や岸本周平《きしもとしゅうへい》氏ももともとは財務省のキャリア官僚です。

だからなのか、国民民主党は既得権に全然切り込みません。

それならば、日本共産党は元官僚なんていないわけですから、気にせずにこのあたりの癒着に切り込んで「俺たちが真の野党だ」とばかりにいえばいいのに、野党共闘なんていう毒饅頭《どくまんじゅう》を食わされたのか、全然そちらには踏み込まないわけですよ。

逆に、これまでの日本共産党の支持者は、共闘しなくても「あいつらは偽者の野党なんですよ」と批判したら、拍手喝采するところはあるでしょうから、純粋にマーケティングで考えたら、日本共産党は野党共闘を蹴って、昔の単独路線に回帰してもいいかもしれません。

持ち前の調査能力もあるわけですから、「沖縄の運動はこんなに歪《ゆが》んでいます」みたいな情報もバンバン出せるはずなんですよ。

私らが「虎《とら》ノ門《もん》ニュース」で告発しているようなことを、本来は「赤旗」が告発していたはずなんですから。

かつての「赤旗」では彼らが批判するところの「商業新聞」では絶対に書けないようなスクープもありました。本来なら、沖縄の反基地運動だって、その一部に北朝鮮の介入があることなどを暴けるはずなんですよね。

結局、自民党が普通にやっているだけで、大きな失点がないという一点をもって評価されているだけなんです。野党が変なことをして、勝手に滅びて自爆していくわけですから。やっぱり安倍一強を成立させている周囲が問題なんですよね。

「綱領」がない野党は政党の体をなしていない

筆坂　野党は「リベラル」というけれども、立憲民主党や国民民主党のルーツともいえる民主党などは、もともとまともな党綱領なんてないんだよね。

自民党にもちゃんと綱領はあるんだけれども、野党で綱領といえるものを持っているのは日本共産党だけなんだ。ほかの政党は、綱領と名乗るものはあるが、その体《てい》をなしていない。

自民党だって一九五五年に結党したときには立党宣言や綱領などで党の役割が何かということを明確に示していた。

たとえば立党宣言のなかには以下の一文がある。

われら立党の政治理念は、第一に、ひたすら議会民主政治の大道を歩むにある。従ってわれらは、暴力と破壊、革命と独裁を政治手段とするすべての勢力又は思想をあくまで排撃する。第二に、個人の自由と人格の尊厳を社会秩序の基本的条件となす。故に、権力による専制と階級主義に反対する。

これは社会主義や共産主義と対立することを第一の旗印に掲げて議会制民主主義や資本主義体制を守ることを謳《うた》っています。

さらに結党時に発表した「党の性格」にはこのように規定しています。

一、わが党は、国民政党である
わが党は、特定の階級、階層のみの利益を代表し、国内分裂を招く階級政党ではなく、信義と同胞愛に立って、国民全般の利益と幸福のために奉仕し、国民大衆とともに民族の繁栄をもたらそうとする政党である。

二、わが党は、平和主義政党である
わが党は、国際連合憲章の精神に則り、国民の熱願である世界の平和と正義の確保及び人類の進歩発展に最善の努力を傾けようとする政党である。
三、わが党は、真の民主主義政党である
わが党は、個人の自由、人格の尊厳及び基本的人権の確保が人類進歩の原動力たることを確信して、これをあくまでも尊重擁護し、階級独裁により国民の自由を奪い、人権を抑圧する共産主義、階級社会主義勢力を排撃する。
四、わが党は、議会主義政党である
わが党は、主権者たる国民の自由な意思の表明による議会政治を身をもって堅持し発展せしめ、反対党の存在を否定して一国一党の永久政治体制を目ざす極左、極右の全体主義と対決する。
五、わが党は、進歩的政党である。
わが党は、闘争や破壊を事とする政治理念を排し、協同と建設の精神に基づき、正しい伝統と秩序はこれを保持しつつ常に時代の要求に即応して前進し、現状を改革して悪を除去するに積極的な進歩的政党である。
六、わが党は、福祉国家の実現をはかる政党である
わが党は、土地及び生産手段の国有国営と官僚統制を主体とする社会主義経済を否

定するとともに、独占資本主義をも排し、自由企業の基本として、個人の創意と責任を重んじ、これに総合計画性を付与して生産を増強するとともに、社会保障政策を強力に実施し、完全雇用と福祉国家の実現をはかる。

ここでも労働者による階級政党や共産主義と対峙することを明確にしています。当時は冷戦の時代だから、自民党もそういう綱領をしっかり持っていた。しかも自民党はソ連崩壊と社会主義の崩壊によって最終的に勝った。綱領も結党時のものから、党内に改定委員会をつくって、議論をしたうえで変更しています。

共産主義への「勝利宣言」を記した自民党の新綱領

上念 自民党は二〇〇五年と二〇一〇年に新しい綱領を発表していますね。とくに二〇一〇年の新綱領では現状認識として以下の一文を掲げています。

我が党は、「反共産・社会主義、反独裁・統制的統治」と「日本らしい日本の確立」――の2つを目的とし、「政治は国民のもの」との原点に立ち立党された。平成元年のベルリンの壁の崩壊、平成3年のソ連邦の解体は、この目的の1つが達成されたという意味で、我が党の勝利でもあった。

ここでは明確に共産主義に勝ったことを記しています。

筆坂 二〇一〇年の自民党の綱領では〈我が党は常に進歩を目指す保守政党である〉と規定しているけれども、保守政党とはっきり明記したのはこの綱領が初めてなんだよね。

では、ほかの野党はどうか。立憲民主党の枝野代表が「私たちこそ保守本流」なんて発言をしているけれども、要するに旗印がないことの裏返しでしょう。

日本共産党は建前だけれども、いちおう共産主義を目指すとしていて、党名も変えない。でも、ほかの政党はそういう明確な看板がないんだよ。

それがないから、党名もコロコロ、クルクル、いくらでも変えることができる。民主党から民進党になり、希望の党になり、希望の党がダメならすぐに国民民主党になる。こだわりがないから、どんな党名にでも変われる。

大島理森《おおしまただもり》衆議院議長が「政党の変化があまりにも多すぎる。政党に対する国民の信頼感がなくなる」と苦言を呈していたけれども、そのとおりだよね。わざわざ衆議院議長が提言するくらいなんだから。

そういう意味では自民党だけがドシンと構えていて楽勝なんだよね。

驚くほど中身がスカスカな立憲民主党の綱領

筆坂　二〇一九年の参院選でも自民党に近い人は「選挙は簡単ではない。苦戦する」といっているけれども、私から見たら野党が勝つ要素がないんだよね。自民党が負ける要素とかではなく、それ以前の問題で野党が勝つ要素がない。

自民党はアイデンティティが確立しているわけ。やっぱり政党というのは国民に理念なり目標を訴えていくわけでしょう。われわれはどこの何者で、どういうアイデンティティを持っているのか。これを明確に示さないと。

コロコロできる新党が「政党の体をなしていない」と批判されるのはそういうことなんですよ。そういう意味では、政党の体をなしているのは自民党と日本共産党だけなんですね。勢力があまりにも違うけれども、ほかの政党は政党の体をなしていない。

立憲民主党の綱領を見てもそうだよね。

上念　立憲民主党の綱領なんて中身スカスカですよ。一部を紹介すると以下のようになります。

私たちは、「立憲主義に基づく民主政治」と「多様性を認め合い、困ったときに寄り添い、お互いさまに支え合う社会」を実現するため、立憲民主党に集いました。

私たちは、一つの価値観を押し付ける政治ではなく、国民のみなさんとつながり、日常の暮らしや働く現場の声を立脚点としたボトムアップの政治を実現します。

私たちは、公正・公平なルールに基づく自由な社会を実現し、一人ひとりの持ち味が発揮され、それぞれに幸せを実感できる社会経済を目指します。

これは何もいっていないのと同じですよね。

総花的にいろんなことを書いてあるだけで、政策集と変わりがありません。

筆坂　要するに箇条書きの文書だけなんだよね。論がない。

小池都知事が二〇一七年の衆院選のときに結成した希望の党なんて綱領すらなかった。「花粉症ゼロ」とか「満員電車ゼロ」とかいっていたくらいだからね。

上念　立憲民主党はとっくに終わったはずの「社会主義の幻想を追います」ともいえないし、「われわれは保守政党です」ともいえない。その理由は、要は野合で寄せ集めの集団でしかないからなんですよね。

左寄りの労働組合の支持を強く受けている議員から、元自民党だった保守系の議員もいます。

この前、何を血迷ったのか、枝野氏が伊勢《いせ》神宮を参拝したところ、極左的な人たちを中心にネットで炎上していましたが、その一方で、保守系の人たちからは立憲民主党は逆に左寄りすぎると思われています。

筆坂　日本共産党との選挙協力をはっきりやろうとしないのもそこなんだよね。やれば票が増えるのはわかっているけれども、逃げていく票もある。だから、あくまで「勝手に応援してくれる分には全然いいですよ」というセコいやり方をしている。セコいというより、ずるいというか。

その点、自民党は傘下に幅広い組織があるから、ガッチリした固定票を持っている。町内会組織やさまざまな業界団体だけれども、そういうところをものすごく大事にしている点が強みなんだろうね。

だから、なんだかんだいったって、いろんな町会だとか業界団体、中小企業、大企業をものすごく大事にしていて、それが戦前につながるまでの歴史があって、歴史が違う。それは簡単には崩れないいんだよね。

自民党だって、あぐらをかいて強くなったわけではなくて、やっぱり努力をしているんだよね。

上念 そういう意味でいうと、努力不足で、それを棚に上げて、空中戦で朝日新聞のフェイク記事に引っかかって投票するアホばっかりを相手にして、それをもとに楽して政党助成金をもらおうとしているのが見えみえなんですよ。

野党に負けたわけではなかった自民党の下野

筆坂 民主党政権もひどかった。民主党に何か実績があって投票したわけではなく、自民党がちょっとつまずきすぎたから、このあたりで政権を変えようかと国民が思っただけなんだよね。安倍氏（第一次）も投げ出す、福田康夫《ふくだやすお》氏も途中で投げ出す、それで麻生太郎《あそうたろう》氏も漢字が読めないと批判されたりして、そういう機運になっていっただけなんだよね。

上念　私は自民党が下野したのは金融政策が変化した影響もあると思っています。二〇〇六年に小泉内閣の終わりに日銀がそれまでやっていた金融緩和をやめるんですね。量的緩和三十五兆円を半年でゼロにするっていうムチャクチャなことをやって、その影響で徐々に景気が悪くなりかけていきました。

そんなときに二〇〇八年九月一五日にリーマン・ショックが起きた。当時は安倍、福田、麻生と一年おきに内閣が交代していたから、景気がどんどん悪くなっていくイメージと重なったんでしょう。

私がかつて左翼だったころ、「自民党政権は、なぜこんなにも続くのだろうか。左翼はこんなに正しい主張をしているのに、どうしてみんなは耳を傾けてくれないのか」とよく考えていました。

当時は一九八〇年代ですから、景気もいまと比べて全然よかった。

そのときに思ったのは、やっぱり現状にほとんどの人が満足している時代に革命を起こすのは難しい。自民党が経済政策に失敗して不況になったり、生活に困っている人たちが増えたりした時期がわれわれ左翼陣営のチャンスだと思ったんですね。

私は高校時代に民青をクビになった先生と仲がよくて、彼とつるんでいたんです。

彼が、なぜ民青をクビになったかというと、非武装中立論に批判的だったんですね。

本当に中立するなら、積極的に核武装をして、通常兵器非武装で平和を訴えないと意味がないといっていて、そういう議論を民青のなかで提起したからクビになったようなんですね。

筆坂　自分で考えて積極的に議論提起するような人は民青の体質にはなじめないんだよね。

上念　やっぱりダメなんですよね。

それでそのとき、彼と議論していて、どうしたらみんなの自民党支持をやめさせることができるかと話していたんです。

当時はリクルート事件（一九八八年）も起きて政治への不信感は高まっていました。ですが自民党政権が倒れるということは全然イメージできなかった。

それで考えた結果、なぜ国民の多くが自民党を支持するかといえば、やっぱり経済が安定しているからなんだと思ったわけです。

それで経済の先行きが見えなくなったときはチャンスだと当時から思っていました。

結局、高校生のころに私が予想していたとおりで、一連の日銀の量的緩和解除から始まって、リーマン・ショックで日本経済がある種の恐慌のようになったんですよね。

そのせいで自民党政権にもみんな嫌気が差して、それでとにかく民主党にすがりついてみようとなったのが、あの政権交代だったんでしょう。

地下に潜っていく「元民主党」の議員たち

上念　国民から高い支持を得て発足した民主党政権でしたが、馬脚を現すのはとても早かった。結局、最初の半年でみんなすぐに民主党に幻滅して、安倍政権が誕生するまでの残りの三年間はひたすら耐えるだけでした。

「早くやめないかな。いつまでやるんだよ」と、毎日ウンザリしていた国民も多かったでしょう。

民主党自体も解散をどんどん引っ張りすぎて失望感を増やしていきました。だから二〇一二年十二月の衆院選では二百三十議席もあったのに、四分の一以下の五十七議席という結果になります。

この衆院選では民主党の候補者が街頭演説をやっていたら、有権者が体当たりをしてきたり、罵声を浴びせられたりと散々だったらしいですからね。

筆坂　民主党であることを目立たないように隠していた候補者もいたくらいだからね。

上念　それだけイメージが悪化していたってことでしょう。その後、民主党を隠すために、二〇一六年四月に維新の党と合流して民進党に党名を変更したけれども、それでも隠せませんでした。結局、民進党では隠し切れなくて、最後には分裂して一個一個の政党が小さくなって、力もなくなりました。

立憲民主党も野党第一党だから自民党が国会対策上、相手にしているだけにすぎません。野党第一党の座でスタンドプレーをやって、それで朝日新聞にフェイクニュースのようなヨイショ記事を書かせて、それに引っかかった情弱な有権者が投票してくれれば、それでラッキーくらいに思っているわけですよ。本気で政権を取ろうとしたら大変ですから、そのくらいのほうが楽なんでしょう。

だから安倍一強といっても、安倍総理を一強にしておけば、それにずっと文句をいっていられて、そのほうが楽という構図なんですよ。

「安倍一強」でいちばん得をしたのは誰か

上念　こうした安倍一強の構図で誰がいちばん得をしているかといえば、気楽な野党第一党でいられる立憲民主党と枝野代表でしょう。

もし本気で安倍一強を崩そうとする気があるなら、たとえば安倍政権より景気がよくなるような魅力的な経済政策を訴えればいいんですよ。

ところが立憲民主党の政策を見ていると全然たいしたことがない。残念なことに韓国の文政権と変わらない。あの政策では日本経済はどん底になるだけです。

では日本共産党の政策はどうだろうかといえば、こちらも支離滅裂ですよ。いまだにコルホーズ（半官半民の集団農場）みたいなことをやろうとしているような雰囲気も感じられて、何をいっているのかわからない。

筆坂　立憲民主党の結党も計画的に結成したわけではなくて、小池都知事に「排除します」といわれてたまたまできただけだからね。偶然の産物にすぎない。
結果的に民進党は立憲民主党と国民民主党に分かれて、これまで民進党を支持していた労働組合の連合（日本労働組合総連合会）も分裂含みになった。

かつて総評に所属していた自治労（全日本自治団体労働組合）や日教組などは立憲民主党、かつて同盟に所属していた民間企業系の労組である電力総連や電機連合などは国民民主党を支持しています。

連合も立憲民主党、国民民主党の支持をめぐって股裂き状態じゃないんですか。

上念　労働組合によっては連合から離脱して自民党支持を隠さない団体も出てきましたね。

筆坂　連合自体も集票力はそれほどないんだ。やはり、いまの時代は労働組合のトップが「国民民主党、立憲民主党を支持しよう」といってみたところで末端の労働者には関係ない。昔のような締めつけはきかないんだよね。そもそも労働組合に所属しない労働者も増えている。でも、なぜ連合の支持を得ようとするのかといえば、集票力というより、やっぱり資金的な面と人的な支援の二つなんだよね。

上念　野党の候補者は労組の力を借りないと選挙ポスターすら満足に貼れないといいますよね。

筆坂　そうなんだ。でも労組だからといって、たとえばトヨタの労組の組合員が中選挙区時代に全員が民社党に投票していたかといえば、そんなことはないと思う。自民党などにも投票していたと思う。

ほかの野党は日本共産党のようなマンパワーがないんだよね。日本共産党は専従職員を地域ごとに一定数抱えているけれども、ほかの党はそんなにいない。専従職員が少ない国民民主党や立憲民主党はどうしても労働組合にマンパワーを借りるしかないんだよ。

上念 日本共産党支持の全労連という労働組合がありますが、どのくらい影響力があるんですか。

筆坂 全労連はほとんどが公務員の労働組合の自治労連（全国自治団体労働組合連合）とか国公労連（日本国家公務員労働組合連合会）が主力なんだよね。だから公務員労組がなくなったら一気に弱くなるね。

上念 なるほど。本来は公務員の労働組合なんて、あってはいけないものだと思いますが、なぜ国家公務員はダメで地方公務員はいいんでしょうか。おかしな話です。

「日本社会党は自民党と裏でつながっていた」説の真相

筆坂 日本の野党で本当に政権を真剣に取りに行った政党は、いままでの歴史を見てもほとんどなかったんだよね。

戦後の日本社会党もいちおう二大政党の一翼を担っていたかのように思われているけれども、実態は一と〇・五の政党というくらい自民党とは差があった。

しかも日本社会党は単独で政権を取る気がほとんどなくて、衆院選に過半数の候補者を擁立したことは、一九六〇年以降は一度もない。政権を狙いにいくより、むしろ党の内部で路線問題などをめぐっていつもゴタゴタしていて、そちらにエネルギーを割いていた印象だ。

よく五五年体制の自民党と日本社会党の関係について小沢一郎氏がいっていたけれども、昔の日本社会党は地下水脈で自民党とつながっていたんだよね。自民党が国対政治を通して裏からお金を回していた。

上念　国対族同士でやる賭け麻雀《マージャン》の話があまりにも有名ですよね。法案を可決させる時期が近づくと、自民党の国対委員が日本社会党の国対委員を麻雀に誘って、わざと振り込んで負けて、それを名目に現金を渡すという。

筆坂　そういうなれ合い政治をずっとやっていて、政権が交代する可能性があるという緊張感はゼロだったんだよね。

一九九三年に細川護熙政権が成立したときも、日本社会党は与党の一角にはいたけれども、細川政権は革新政権ではなかったし、日本社会党が何か新しいテーマを掲げて引っ張っていくこともなかった。結局、政権の中心は小沢氏や羽田孜《はたつとむ》氏ら自民党離党議員ばかりの新生党でした。

あのときも自民党内の分裂騒動から小沢氏らが飛び出したから政権交代が起きただけで、それまでの野党だったら政権は取れていない。小沢氏や羽田氏という保守の政治家がいたから取れたわけだよね。

民主党政権だって小沢氏や羽田氏もいて、岡田克也《おかだかつや》氏ももともとは竹下《たけした》派にいた自民党の議員だった。

「アベ批判」だけでは野党の支持率は上がらない

筆坂　ここ一年、安倍内閣にはいろいろな問題が降りかかっていて、野党はその都度、批判しているけれども、それによって野党の支持率が上がっている気配すらない。野党への期待値はゼロに等しいということだよね。

上念　そもそも安倍内閣への支持率もそれほど下がっていないくらいですからね。

筆坂　じつは昔からスキャンダル追及は追及している側の支持率の上昇にはつながらないんだ。

一九七六年二月に戦後最大の疑獄事件ともいえるロッキード事件が発覚した。

上念　アメリカの航空機メーカーであるロッキード社が日本への航空機売り込みにからんで当時総理大臣だった田中角栄に巨額の賄賂を贈ったとされる事件ですね。国会では大手商社の丸紅《まるべに》や全日空《ぜんにっくう》の関係者、田中と「刎頸《ふんけい》の交わり」（二人は互いのために首を刎《は》ねられても悔いはないとするほどの関係）と述べた小佐野賢治《おさのけんじ》、右翼の大物だった児玉誉士夫《こだまよしお》なども証人喚問され、連日メディアを騒がせていました。

筆坂　ロッキード事件の追及に躍起になったのは日本共産党だったんだよね。

このとき、私は日本共産党衆議院議員の秘書をしていたから、ロッキード事件追及のためのプロジェクトチームの一員として調査活動に奔走していました。

日本共産党は数度にわたってアメリカへの調査チームを派遣して次々と新事実をつかみ、国会での追及を行い、間違いなくその追及はほかの野党より抜きん出ていました。

当時の日本共産党は一九七二年十二月の総選挙で三十八人も当選して、公明党を抜いて日本社会党に次ぐ野党第二党の地位を確保していたから、質問時間もそれなりに与えられたんだ。

しかし、選挙結果には結びつかなかったんだよね。

上念 田中が逮捕されたあとの一九七六年十二月の衆院選では、日本共産党は議席を増やせず、十七議席と大幅に激減しました。

筆坂 そうなんだ。この選挙では五十五議席の公明党や二十九議席の民社党にも抜かれてしまい、野党第四党に転落したんだ。

もちろん国民がスキャンダル追及に関心がないわけではない。ただ政治の本道ではないことも事実で、スキャンダル追及だけを評価したり、求めたりしているわけでもないんだよね。

上念 追及のしかたによっては、逆に野党の議員が国民から不信の目で見られることもありますよね。

筆坂 国民は政治家にただただ清廉潔白であることだけを求めているのではなく、自分たちのために何をしてくれるのか、その力があるのかも冷静に見ているんだよね。

だから田中が刑事被告人になっても無所属でも当選し続けることができたのは、それだけの力があると見られていたからなんだよ。実際に逮捕直後の衆院選では田中は十六万八千五百二十二票と大量得票している。

それと審議拒否も、いつでもダメだとはいわないが、決して賢い戦術ではないよ。五五年体制といわれて自民党と日本社会党が対峙している時代には、よく審議拒否が行われていた。国民から見ると審議拒否は野党が与党に激しく対峙しているかのように見えるからなんだよね。

その実、水面下では手を握って何日審議拒否するかを話し合っていて、金品も動いていた。実際の審議拒否は与野党のなれ合い政治の産物でもあるんだ。

上念　賭け麻雀をしていたくらいですからね。

国民民主党の「支持率一％」が示すもの

筆坂　国民民主党も迷走している。

二〇一八年五月に民進党と希望の党の議員たちによって結成された国民民主党だけれども、結成当時からほとんどの国民はなんの関心も示していないし、そもそも党名からして、とうてい真面目に吟味されたものとは思えなかった。

「民主」とは「その国の主権が国民にあること」という意味で、国民抜きの民主などありえず、わざわざ「国民」と謳う必要はまったくないよね。

上念　単純に「民主党」とすれば民進党のそれ以前の名前に戻るだけなので、しかたなく違いを出すために「国民」をくっつけたんでしょう。

筆坂　それにしても、すでに立憲民主党が存在しているわけだから、そこにもうひとつ「民主」を名乗る政党が誕生するのだからややこしいことこのうえないよね。

結局、結成当時から国民民主党への参加を見送る議員が多かったことからもわかるように、議員数はそれなりにいるのに、世論調査の支持率は一％にも満たないことが多い。

上念　ほとんどの国民から、また何か起きたら立場をコロコロ変えると思われているんでしょうね。

筆坂　低支持率も当然だよね。何を目指す政党なのか、自民党とどう違うのか、立憲民主党とどう違うのかがわからない。政党としての存在意義すら語れない新党に、遠心力は働いても、求心力が働くことはない。議員が離れるだけで、集まってくることはないだろう。結局、もともと小池都知事の人気にあやかって生き残りを考えただけの連中だってことが国民からバレているんだよね。だから応援しよう、支持しようなんて思われないし、もちろん期待も持たれない。

「市民のため」というマジックワード

筆坂　野党共闘の行方も非常に不透明になっているよね。二〇一六年の参議院議員選挙では全国三十二の一人区のすべてで、いちおう野党共闘が実現して、そのうちの十一の選挙区では野党側が勝利した。

三十二の一人区のうち、日本共産党公認の候補者は香川県だけで、三十一の選挙区は民進党系の候補者を日本共産党が支援するかたちになったけれども、いちおうの野党共闘にはなった。

でも二〇一七年の衆議院選挙では民進党が事実上分裂し、希望の党と立憲民主党が結成され、その結果、自民党と公明党、希望の党と日本維新の会、日本共産党と立憲民主党と社民党による三つ巴《みどもえ》のような選挙戦になった。二〇一六年のときの参院選のような維新の会を除いた全野党が共闘するという構図は崩れたんだよね。

日本共産党は二〇一六年のようなかたちではなくて、今後の野党共闘を共通公約の作成や、相互に政党同士で推薦することなど、もう少し踏み込んだかたちでの共闘を提案し始めている。日本共産党はこれを「本気の共闘」と呼んでいる。

上念　でも、ほかの党の足並みは、そこまでそろっていませんよね。

筆坂　そうだね。立憲民主党の枝野代表は自衛隊や安全保障政策では「共産党とは大きく違う」と明言し、その一方で「野党の連携はやります。連携であれば野党の政策のすり合わせはいりません」と語っている。

日本共産党がいう「本気の共闘」に対しては一定の距離を置いている。枝野氏は「野党共闘」「選挙協力」という言葉も使わずに、あえて「連携」といっているわけだけれども、それには彼なりの深謀遠慮があるんでしょう。

それは枝野氏が「政党間の駆け引きの産物ではなく、市民の要望によって候補者が一本化する。野党候補が勝つためには、それしかありえない」と語っていることにも示されています。市民の声に応えた候補者一本化という体裁を取れば、日本共産党との隔たりや政策の違いについて一時的にでも棚上げをする大義名分ができるからだよね。あくまで市民の声や有権者からの要望に応えたということにできる。日本共産党との協力に対して積極的ではない比較的保守的な有権者に対しての言い訳にはなるわけだよね。でも相互推薦にまで踏み込めば、こういうごまかした論法はさすがに通用しなくなる。

ただし野党間の選挙協力が最終的に実現しないのかといえば、そんなことはないだろう。そこに、いまの野党が置かれている窮状がある。背に腹は代えられないわけだよね。

立憲民主党にしても、国民民主党にしても、選挙で躍進するためには、党内にさまざまな抵抗があったとしても、日本共産党との一定の選挙協力は喉から手が出るほど欲しいのが正直なところだからだ。どんなに理想をいっても落選してしまえばおしまいだからね。

それでは日本共産党はどうかといえば、月刊誌での亀井静香《かめいしずか》氏との対談で志位氏が「過去二回の選挙は共産党が一方的に候補者を降ろした。二〇一六年の参院選は野党共闘の最初の試みを成功させるため、二〇一七年の衆院選は共闘を壊す逆流への緊急対応だった。次は一方的に降ろすことはない」とまで語っているんだよね。

立憲民主党も日本共産党も、両党とも同じ「市民」という言葉を多用して説明しているけれども、その実態はかなり異なるんだ。

でも共闘を否定して、あくまで「連携だけ」という立憲民主党の消極的に見える態度も、「自党の候補者は降ろさない」という日本共産党の強気な態度も、実際に市民の声を聞いたうえで判断しているのではないんだよね。市民の声という言葉を党利党略、自分たちにとって都合のいい論理のために使っているだけにすぎない。結局、市民不在の主張なんだ。

そうはいっても結局、選挙のためとなれば理屈より都合を優先するのが国会議員だから、最後には「市民」を都合よく登場させて、お互いに共闘の道を選択することになるんじゃないかな。

結局、日本共産党は「市民と野党の共闘」なんていっているけれども、市民ってどこにいるんだろうと思うよ。

上念 市民といってもプロ市民ばっかりですからね（笑）。

筆坂 そうなんだ。この前もある県で「戦争法阻止　総がかり行動」なんて題してデモをやっていたけれども、二十人くらいしかいないし、ほとんど高齢者なんだ。それのどこが総がかりなんだって思うよ。

上念 市民といっても、ほとんどがそういうフロント団体の人たちなんですよね。

筆坂 実態をいってしまえば、日本共産党が名前を変えているだけなんだよね。

安保法制反対のときに学生たちがつくった「SEALDs」（自由と民主主義のための学生緊急行動）が注目されたけれども、あの周囲にいたのは高齢者ばかりだからね。

「SEALDs」は日本共産党系ではまったくないけれども、街宣車は日本共産党から借りていました。「SEALDs」にすり寄っていたのが日本共産党なんですよ。

上念　デモをしていても、高齢者ばかりだから、すぐに疲れて座っちゃって。点字ブロックの上に座ったりとかしちゃうんですよね。何しに出てきたんだって話ですよ。

小沢一郎氏と日本共産党のアンビバレントな関係

上念　最近では、日本共産党は野党共闘を訴える小沢氏とも歩調を合わせていますね。

筆坂　野党共闘に関連して小沢氏と手を組んだときに、「これまで批判してきた小沢さんなどと手を組んだら、党員から不満の声が上がるんじゃないか」という声もあったんだけれども、それは日本共産党の体質を知らない人の意見だなと思ったんだよね。

私は野党共闘に前向きな小沢氏について、共産党員は大喜びするに違いないと思っていたよ。

上念　それは、なぜなんですか。

筆坂　なぜかといえば、日本共産党というのは、やっぱり日陰者というか、これまでメディアはもちろん、ほかの政党からあまり相手にされていなかった。

上念 当時はどこの政党からも相手にされていませんでしたね。

筆坂 そう。小沢氏といえば、いまはもう手勢も少ないし、かつての勢いは全然ないけれども、やっぱり保守の大物なんだよね。

〝腐っても鯛《たい》〟じゃないけど、自民党の幹事長を最年少でやってきた人だから。

その小沢氏が二〇一七年一月の第二十七回の日本共産党の党大会に来賓として来たことがあったんだ。

小沢氏以外にも民進党の安住淳《あずみじゅん》氏や社民党の吉田忠智《よしだただとも》氏なども来たんだけれども、何より一般党員は小沢氏の登場に舞い上がっていたね。

その場面はCS放送で各地でも見られるように中継されたんだけれども、それを見た党員が、「あんな保守の大物政治家が来てくれた」といって、涙まで流して感動したらしいんだよね。

上念 あんな大物が相手にしてくれたんだ、認められたんだ、みたいな気持ちになっちゃうんですね。

筆坂 まさにその感覚で、割れんばかりの拍手で大歓迎したんだって。

じつは、これまで、日本のほかの政党が来賓として来たことは一度もなかった。かつての日本社会党だって来たことがなかった。

上念　しかし、小沢氏が自民党の中枢にいたころは批判していたわけですよね。金権政治家の権化の最たるものとして。

筆坂　そこは疑わないいんだよね。党の中央が方針転換したら、それをすぐ受け止めてしまう。そもそも日本共産党が批判していた小選挙区制度を導入したのは小沢氏なんだから、普通に考えればおかしいいんだけれどもね。

上念　ただ、小沢氏も、いまでは昔と違ってあまり相手にされなくなったってこともありますよね。

筆坂　そうなんだ。お互い相手にされない同士で集まっているんだ。

それと小沢氏も日本共産党にすり寄るメリットがあるんだよね。いまはかつてのように手勢がいない。一時は政党の規模も政党助成金をもらうのに必要な五人を少し超えるくらいでしたからね。最近、国民民主党に合流しましたけれども。

日本共産党も規模は大きくないけれども、それでも衆参に十人以上の議席と全国に組織はあるわけだから、それがある意味で手勢になるというか、小沢氏にとってはその勢力がほかの野党に対しての材料になるわけだよね。

また、日本共産党にとっても、保守の小沢氏と良好ということが保守系の人にも支持を広げるきっかけになると思っているんだ。

実際、どこまで広がるのかはわからないけれどもね。

上念　しかし、そういうメンタリティがあるわけですね。

筆坂　普段、相手にされていないから弱いんだ。

日本社会党と日本共産党が共闘した「革新自治体」の時代

筆坂　日本共産党は、かつての五五年体制のときには当時の日本社会党と共闘していることはあったんだ。社共統一候補として首長選挙などで「革新自治体」というのをつくっていた時代もあったんだ。

上念　有名なところだと東京の美濃部《みのべ》亮吉《りょうきち》都政、大阪の黒田《くろだ》了一《りょういち》府政、京都の蜷川《にながわ》虎三《とらぞう》府政などですね。主に一九七〇年代の都市部は革新自治体が多かったですよね。

筆坂　そうだね。革新自治体は社共が一緒になって当時の労働組合のナショナルセンターの総評も支援して、それで選挙に勝っていた。

当時は、日本共産党にとっては社共共闘路線が政権を取るための戦略的な手段と見ていたんだ。ただ当時は地方の首長選では協力しても、日本社会党は国政選挙では日本共産党と組むことは一度もなかったんだよね。

だから国政レベルで他党と共闘したのは、日本共産党にとっては二〇一六年の参院選が初めてなんだよね。

日本社会党とは国政レベルで協力しないうちに、いつの間にか日本社会党の勢力がどんどん減って、社民党になってかつての力はなくなってしまった。

日本共産党にとっては当時の日本社会党は競争相手でもあったんだけれども、いつの間にかいなくなった。結局、負け惜しみで「われわれは広大な無党派層と組むんだ」なんていいだしたんだ。

上念　すごいポジティブシンキングですね。無党派層にそっぽを向かれているのに何をいっているんですか。

筆坂　私なんかでも聞いていて、「そんなふうに簡単に組めるわけないだろう」なんて思っていたよ。

でも民主党政権が失敗して自民党以外の政党が急激に弱くなったから、状況が変わったんだよね。何か日本共産党がしかけたわけでもなく、ほかの党も日本共産党に頼らないといけなくなってきた。

なぜ、民主党・民進党は急激に「リベラル化」したのか

上念 安倍政権が続いてから民主党・民進党が急速に左旋回してきましたからね。

筆坂 民主党もどうしたらいいかわからなくなったんだろうね。

二〇一二年十二月の衆院選では二百三十議席から百七十三議席減の五十七議席になったからね。壊滅状態になって混乱したんでしょう。それで、そんな状況のときに日本共産党が「野党共闘」の呼びかけをしたわけだから……。

上念 背に腹は代えられないとなったわけですね。

筆坂 そうそう。当時の岡田代表などは、それに飛びつくしかなかった。

もちろん党内には前原誠司《まえはらせいじ》氏や細野豪志《ほそのごうし》氏をはじめとして、日本共産党と協力することに反対もあったみたいだけれども、やむをえなかったんだろうね。

上念　日本共産党はそれ以前からどこかで組みたい気持ちはあったわけですね。

筆坂　無党派層と組むなんていうのはたんなる強がりで、やっぱり一貫してなんとかしなければという気持ちはあったと思う。

日本共産党のもともとの方針が単独で政権を取るのではなく、まず民主連合政権という連立政権だからね。

上念　連立政権のなかで主導権を奪って革命を起こしたいと。

筆坂　そう。やっぱりほかの野党と組まないと、もう先が見えない。実際、一九九八年の参院選で自民党が大敗して参議院で過半数割れに追い込まれたときは、当時民主党代表だった菅直人《かんなおと》氏に日本共産党も首班指名で票を入れたこともあるんだ。

そもそも日本共産党も既存の政党では、いちばん長い九十年の歴史を誇っているけれども、これまで一度も政権についたことがないから、具体的な政権戦略を語れないんだよね。でも二〇一六年の参院選では曲がりなりにも野党共闘の枠組みが全部の一人区でできて十一の選挙区では勝てたから、党員や支持者向けにはいいアピールになったんだよね。この枠組みを増やしていけば、いつか政権が取れるんだぞと支持者にいえるようになった。

そう思っていたら、民進党が希望の党への合流騒ぎを起こして壊れちゃったから、日本共産党としてはまた難しいところになってきたんだ。

それでも参院選前後の日本共産党の舞い上がりっぷりといえば、見ていておかしなほどだったよ。天までのぼっちゃうんじゃないかってくらい盛り上がっていたからね。

上念　では二〇一七年の衆院選を機に民進党が分裂してしまい、日本共産党も結果的には意気消沈って感じでしょうね。しかも分裂してできた立憲民主党や国民民主党も仲が悪いというか、足の引っ張り合いばかりしています。それもあって、参院選に向けて野党共闘は全然進んでいないように見えます。

筆坂　最後は弱い者同士で組むしかなくなるでしょう。

自民党vs.野党共闘は「第二の五五年体制」にすぎない

筆坂　立憲民主党の枝野氏は、政党間での共闘はやらずに選挙区ベースで市民があいだに入って共闘する場合はあるという言い方しか表立ってはしていません。お互いが推薦をするという日本共産党の提案からはかなり距離を置いているように見える。ただ、ここにきて衆議院解散ダブル選挙という可能性も出てきた。そうなったら建前ばかりで四の五のいっていられなくなりますよ。

いまは、とりあえず距離を置いたポーズを取り、様子眺めをしているんじゃないですか。前回の参院選での一人区での共闘もあっという間にできあがりましたから、その気になれば簡単にできますよ。別に政権を取りに行くわけではないですから。

立憲民主党もそのあたりは有権者にはっきりさせる必要はないと思っているんだ。どうせ政権を取れるなんて思っていないんだから、そのへんはウヤムヤでもいいんだろうね。

上念　なるほど、野合でいいわけですね。

筆坂　小沢氏などは典型的にそういう人だからね。国民民主党に自由党が合流することになったけれども、政策は全部丸呑みなんだから。

上念　やっぱり私から見ても、日本共産党以外の野党も全部ダメだと思います。

とくに野党第一党の立憲民主党は最悪の政党だと思っています。

なぜなら彼らは政権を取る気がまったくありませんから。いみじくも代表の枝野氏が「新五五年体制」っていっていますよね。五五年体制は万年野党の日本社会党がギリギリ改憲を防ぐ三分の一の勢力を取って無責任な批判をやりまくるという体制でした。枝野氏は当時の日本社会党の半分の勢力で満足していますし、国会を十八連休、二十八連休してしまう無責任さは日本社会党以上です。

結局、代表の枝野氏は民主党のなかで覇権争いをやっていた結果、仲が悪くなって分裂して、たまたま自分が代表になった党が棚ぼたのような感じで一定の支持を受けただけにすぎないんですよね。

結果的に野党第一党になって生ぬるいポジションに居座れたからラッキーくらいにしか思っていないんでしょう。必死さはゼロですし、そもそも安倍政権の代わりになるような魅力的な経済政策などを訴えません。

浮かばないだけかもしれませんが（笑）。

立憲民主党自体も、ほかの野党がさらに弱いこともあり、野党第一党として朝日新聞などの左派メディアからそこそこチヤホヤされるので、その位置に安住しているんでしょう。だから国会でカメラ写りだけを気にしたいい加減なパフォーマンスをして、意味不明な揚げ足取りばかりしています。

先日の国会でも統計の問題を槍玉《やりだま》に挙げていましたが、批判している野党の議員自体がそもそも統計についてよくわかっていない。

筆坂　あれは、いくら批判しても、たいした差がない問題なんだよね。

上念　サンプル調査をしたのに数値を補正せずにそのまま加えてしまった初歩的なミスです。恣意的に統計をよくするように粉飾をするなら、いったん全数調査をして、いいサンプルだけ抜き取らなければいけないですが、そもそも全数調査をしてなかったことが問題なわけですよ。野党の批判は的外れで、正直、何をいっているかわかりませんでした。

「反アベ」ですらない小沢一郎氏

筆坂　それと、小沢氏の行動を見ていると、もはや権力欲に固執しているようにすら見えない。小沢氏は政治を自分の遊びくらいに思っているんじゃないかな。一種の道楽でやっているようにしか見えないよ。

上念　野党共闘を進めているといっても結局、どんな政権をつくって、どんな政治をするかなんて全然考えていないように見えますね。集まったら安倍自民にとって驚異になるという一点だけで、長期的な視野は感じられません。

筆坂　だから一時はあれだけ脱原発と騒いでいたのに、平気で国民民主党ともあっさり合流できたわけだよね。政策のこだわりなどなくて、全部数のゲームっていう感覚だよね。

上念　実際に国民民主党と立憲民主党などの野党の政策の事情はわからないですけれどもね。だって、「反アベ」という主張以外は具体的なものなんてひとつもない。モリ・カケ（森友《もりとも》学園、加計《かけ》学園）問題とかをいまだにやっているし、大多数の国民から見たら、「なんなんだ、こいつらは。何がやりたいの」と思っている人がほとんどでしょう。
　いまのままでは建設的な期待感はちっとも持てません。

筆坂　ただ批判するだけじゃ、コアな支持者しかついてこないよね。民主党や民進党のときからそうだったけれども、「安倍政権のもとでは憲法改正論議には応じない」なんて平気で党首や幹部がいっている。そんなのダメだよね、逃げているだけで。本当は正面から議論をして国民の審判を仰ごうとしないと、そもそもケンカにならない。それでは最初から敗北宣言しているのとたいして変わりはないよ。

上念　そうですね。傍から見ていると「サボってないで、正々堂々応じなさいよ」としか思いません。職場放棄しているだけなんですから。
　やっぱり野党はどの問題にしても現実的な対応策を出す気がそもそもない。政権を取る気もないし、自分たちが政権についたときの民主党政権でボロボロだったことが恐怖になっているんでしょう。二度と政権を取りたくないという気持ちが強い。

筆坂　逆に怖くなっているのかもしれない。

上念　政権を取ってまた嫌われるくらいなら、野党のままでずっと気楽に批判をしていればいいと思っているんでしょう。

とりあえず「反アベ」のひとつ覚えだけで、朝日新聞をはじめとするメディアが適度に持ち上げてくれるのであれば、それでいいんでしょうね。

朝日新聞に騙されるレベルの情報弱者の老人たちをターゲットにして一定の票だけ稼いで、政党助成金をもらって、それで批判だけする政治家でいられればいいんでしょう。でも、それぐらい政権を取りたいという気持ちが全然見えない。やっぱり責任ある政策を何ひとつ考えていないわけですから。

「弱者の味方」ですらない野党

上念　しかも立憲民主党の問題点は、弱者の味方とかいっているのに、政策的にはむしろ弱者を苦しめるようなものばかり採用しているという点です。彼らは金融緩和にも反対ですし、もともと消費増税にも肯定的。

どれだけ財務省が怖いのか。情けないなあと思います。もし、いま金融引き締めと増税を同時に行えば、景気が悪くなって失業が増えるでしょう。それこそ彼らが「非正規雇用ガー！」といっている人たちがいちばん被害を受けます。

この点ではまだ日本共産党のほうが骨がありますよ。いちおう消費増税に反対していますから。

筆坂　日本共産党は増税せずに内部留保を企業に吐き出させるという主張なんだよね。

上念　企業が内部留保をため込む理由はすごく簡単で、将来的にデフレが再来することを恐れているんですよ。なぜ、デフレが再来したときに内部留保が必要かといえば、基本的には需要がどんどん減って売り上げがなくなっていくわけです。でも従業員は雇い続けないといけない。解雇規制も厳しく、急にリストラすることはできません。だから利益を分配せずに再投資したり、積み立てたりすることで内部留保をためているわけです。

企業の資金調達の方法は三つしかありません。金融機関からの融資か、社債や株を売って市場から調達するか、あとは自分で儲《もう》けたお金を設備投資に回してサイクルするか。

内部留保は銀行にも市場にも頼らずに、自己資金を株主にも従業員にも分配せずに再投資をしているわけです。なぜ、そんなことをするかというと、借金が増えれば、景気が悪くなったときに銀行から貸し剥がしにあうだろうと恐れているからです。また、市場調達も、資金を借り換える際の条件悪化を恐れて、なるべく減らそうとしているんです。

それはなぜかといえば、将来的にデフレが来ると、いまだに予想しているからなんです。だから、なるべく債務を減らそうとする。

ただ私も実際に企業経営をやっている立場ですが、ここのところの安倍政権の動きを見ていると、将来的にデフレがまた再来してもおかしくないような経済政策になってきています。

二〇一九年十月の消費増税でさらにその流れは強まって、これまでのアベノミクスの効果は全部帳消しになる可能性は高いです。

そういう懸念を持っている企業経営者なら、内部留保をしなければ危ないという認識を持つのは当たり前です。

逆にいえば、もし内部留保をためなくてすむような経済政策を訴えてくれるなら、日本共産党だってすごく支持したいと思います。まあ、そんなことは、日本共産党は口が裂けてもいわないと思いますが。

以前、日本共産党の穀《こく》田《た》恵《けい》二《じ》国会対策委員長に「デフレ脱却国民会議」で陳情に行ったことがありましたが、彼の経済に関するロジックはめちゃくちゃで、非常に失望しました。「給料を上げると景気がよくなる」なんて話をされていて、「いや、景気をよくしないと給料上がんないよ」と思わずツッコミたくなるほどでした（笑）。

そのくらい日本共産党の経済理論は心もとないんです。

しかもヨーロッパのいわゆる左翼政党が標準的な政策として掲げている金融緩和にも反対しているわけです。

もし金融緩和をやめたら、弱者の救済なんて絶対不可能です。

なんであんなことをいうんでしょうか。

企業がためている内部留保を召し上げるといっていますが、納税後の資産に再課税するとなると、これは二重課税です。あまりにもめちゃくちゃ。これでは韓国の文政権がサムスンなどの財閥にしようとしている政策と変わりません。このままでは韓国もベネズエラのようなひどい状態になるかもしれません。

日本の政党政治と日本共産党の未来

第7章

安倍政権の「最大の強み」とは

上念　安倍内閣の支持率にはこれまでの自民党政権とは違う特徴があります。若者の支持がほかの年齢層に比べて高い点です。

筆坂　たしかに若者の安倍政権への支持率は高い。世論調査からも明らかだよね。原因は若い世代にとって死活問題ともいえる就職環境や失業率が以前に比べてかなり改善されてきたことなんだろうね。

安倍内閣は「一億総活躍社会」「子育て支援」「働き方改革」など雇用問題にも力を注いできている。安倍総理が財界に賃上げを要請し、「官製春闘」などという言葉も生まれているくらいだ。その内容には賛否両論があるけれども、少なくとも国民の最大の関心事である雇用や賃金の問題に正面から向き合って、経済政策を政権の看板にしてきたことは事実でしょう。

上念　将来への不安を感じている若者は、そのあたりは敏感でしょうからね。

筆坂　やっぱり政治のいちばんの役割は暮らしの安定につきる。でも、いま年収が三百万円以下の人びとが、じつに四割を超えている。女性の場合には六割を超えている。これでは暮らしの安定を図ることはできない。多くの若者が結婚を考えることもできないはずだ。ここまで収入が低いと社会の不安定化が進むだろうから、この底上げは、いま政治が全力を挙げて取り組むべきことだろうね。

野党はこれまでアベノミクスをずっと批判してきたけれども、ただ批判するだけではまったく不十分で、若い世代には届かないだろう。結局、アベノミクスに代わる対抗策を示して初めてそこで評価される可能性が出てくるわけだよね。経済政策だけでなく、外交でも憲法でも、野党は対抗軸を示しえていない。この状態が続くかぎりは、野党は長年の低迷から脱出することは難しいだろう。

自民党から「ポスト安倍」が現れない背景

上念　野党もダメすぎですが、自民党内で安倍総理に代わろうとする人に期待できるかといえば、これも期待できない。

有力とみなされているのは岸田文雄《きしだふみお》政調会長と石破茂《いしばしげる》元幹事長ですが、二人とも財務省の犬。全然ダメですよ。

岸田氏はそもそも、これまで自民党の総裁選に一度も立候補をしていない。さらに岸田氏の講演会ってめちゃくちゃ退屈らしいですね。聴衆がみんな寝ちゃうらしいですよ。石破氏はこの前の総裁選でも党員票を一定獲得するなど三回総裁選に出馬しているだけあって知名度は抜群です。

ですが、最近の動きは、注目を集めたいのか、マスコミが喜びそうなありきたりな批判をするだけで、いっていることがコロコロ変わって、何をいいたいのか、何をやりたいのかがさっぱりわからない。

二〇一八年の総裁選でも、「経済政策は?」と尋ねられると、石破氏は「みんなで考えます」と答えていたくらいです。思わず「お前は立憲民主党か」とツッコんじゃいましたよ。総理を目指すにしては、あまりにも無策すぎです。

筆坂　でも野党がだらしないのもあるけれども、自民党のなかで安倍総理への有力な対抗馬がいないということも安倍一強の要因だよね。

麻生財務大臣はポスト安倍を狙う年齢でもないし、本人もその気はないだろうから結局、岸田氏と石破氏の名前が挙がるくらい。

上念　そうなると安倍総理の四選もありえない話ではないかもしれませんね。あとは河野太郎《こうのたろう》外務大臣くらい。ただ彼の経済政策は財務省そのものだから、そんなに信用できない。小泉進次郎《しんじろう》氏も財務省そのものだから、これも同じ。あとはロシアでウラジーミル・プーチン大統領とダニール・メドベージェフ首相が一時期交代していたように、菅官房長官が総理になって、安倍氏が外務大臣になるという方式もあるかもしれません。

菅氏は総裁候補がいない二階《にかい》派の二階俊博《としひろ》幹事長と連携してポスト安倍を狙うのではという話もありますからね。

小選挙区制が日本政治をメチャクチャにした

上念　私はむしろ自民党のなかに、いまのアベノミクスは生ぬるいくらいだと主張する過激な金融緩和論者が出てきてほしいなと思います。十月からの消費増税でこれまでのアベノミクスの成果は台なしになる可能性が高い。本当は率も二倍、量も二倍で金融緩和をするくらいのことをしてもいい。もちろん物価目標を達成するまでの話ですが。

かつてあった「みんなの党」が金融緩和に熱心でしたが、現在だと「日本維新の会」もそれに近い。ですが、いかんせん大阪を中心とした地域政党色が強い。

かつての中選挙区制度なら、保守系無所属の若手が立候補し、既得権者の公認候補と戦って、勝ったら追加公認で自民党に入るというような人材の新陳代謝のしくみがありましたが、小選挙区では難しい。

現在の選挙制度にも問題があります。私は中選挙区制度に戻したほうがいいんじゃないかなと思います。

残念ながら、日本には二割の左翼岩盤層があります。この層は左巻きの新聞などのメディアに影響されて左寄りの候補者や政党につねに投票してしまう人びとが集まっています。たとえば四割ずつの支持が拮抗《きっこう》した保守二大政党があったとしても、この岩盤層がどちらにつくかによって政権与党が決まります。岩盤層を取り込もうと思えば政策が左に引っ張られますが、引っ張られすぎると選挙で負けてしまうので綱引きが始まります。結果的に綱領がない蝙蝠《こうもり》のような政党ができてしまうんです。旧民主党がまさにこれでした。要するに自民党竹下派の一部（小沢氏一派）が左翼と手を組んでできた政権ですよね。中選挙区制度なら、この岩盤層二割を排除して、政権与党内の派閥争いというかたちで政策論争が行えます。だって、同じ選挙区に同じ政党から複数の候補者が出るわけですから。しかも若い人が保守系無所属の候補者としてチャレンジして、万が一勝てば追加公認で自民党に入ることもできました。人的にも新陳代謝が進む、いい制度でしたよ。

筆坂　私も中選挙区制度に戻したほうがいいと思う。かつて小泉純一郎氏は小選挙区制が導入されるときに強く反対していたんだ。なぜなら、小選挙区制になると執行部の権限が圧倒的に強くなり、候補者の公認権や選挙資金を握ってしまい、党内で誰も執行部に逆らえなくなり、活発な議論などできなくなると懸念していた。

当時の自民党は竹下派が全盛期で、対立する清和会《せいわかい》の小泉氏は、もし小選挙区制度が導入されれば非主流派として冷遇されることを恐れて真っ向から批判していた。けれども、結果的に自分が総理になったら、小選挙区制をうまく使って、郵政民営化に反対する議員を公認から外したり、離党勧告や除名をしたり、竹下派の流れを引き継ぐ平成研究会を徹底的に干したりした。小選挙区制度を知りつくしていたんでしょう。

上念　そういう意味では、衆議院は比例代表もやめて中選挙区の一発勝負にしたほうがいいですね。

筆坂　そのとおり。日本共産党も幹部クラスの議員は党が順番を決める比例で楽々と当選するようになったから議員が小粒化してしまった。中選挙区だと候補者も有権者によって人間性や魅力を磨かれるんだよね。

かつて現在の小選挙区比例並立制が導入されたとき、不破氏が「草の根と結びついていない比例の国会議員ばかりになるのは、党にとって危機だ」と警鐘を鳴らしていたことがあった。

やっぱり昔の日本共産党の議員は地元でコツコツと汗をかいていたからプライドもあった。でも、叩き上げの人はみんな引退してしまい、いまは党が上位に選んだから当選している議員しかいない。これでは地力のある議員や人間的な魅力で個人票を取ってくる議員は育つわけがないし、党の方針に従うだけのイエスマンしかいなくなる。地元を丁寧に回って有権者と直接接する機会が多いほかの政党の議員には勝てなくなってくるよ。

上念　参議院も比例をやめたほうがいいですよ。

二十年目を迎えた「志位体制」はいつまで続くのか

上念　日本共産党は代表選挙がないから、二〇〇〇年以来、志位氏がずっと委員長をしていますが、この体制は続きますか。

志位氏を見ていると、大御所の不破氏が自分の後ろにいて、何かあるたびに梯子《はしご》を外されたり面子《めんつ》をつぶされたりしてストレスが大変そうに見えるんですが。

筆坂 私は志位氏が置かれている立場にはいつも同情を禁じえないでいるよ。二〇〇〇年に委員長に就任して以来、長いあいだ低迷期があった。それを志位氏の責任にする意見も聞いたことがあるけれども、それはお門違いだ。日本共産党にとって誰がトップを務めてもそういう時代だったんですよ。

志位氏がずっと続けたいと思っているようには見えません。しかし、不破氏の引退より先に辞めることはないでしょう。いろんな意味で不破氏の後始末もあるんじゃないですか。

上念 それはそうですね。

筆坂 そういうことは多いんだ。日本共産党のトップは間違わないことになっているから、それをカバーする周囲が大変。ルーマニアを宮本氏が評価したときも大変だった。あの独裁者のニコラエ・チャウシェスク大統領を称賛しちゃった。

普通に考えたら独裁者以外の何ものでもないんだ。独裁政党のトップが独裁者じゃないわけがないいんだから。

上念　ルーマニアの独裁者チャウシェスクは一九八九年十二月二十五日に逃亡先で公開処刑されました。あれほど国民から怒りを買っていた独裁者と日本共産党は、なんと「兄弟関係」にあったんですよね。

あまり知られていませんが、チャウシェスクが処刑される十一カ月ほど前の一九八九年一月十七日、当時の日本共産党の金子満広《かねこみつひろ》書記局長がルーマニアを訪問したことはあまり知られていません。金子氏はチャウシェスク大統領に宮本議長からの親書を手渡したうえで、日本共産党とルーマニア共産党の友好関係を確認したそうです。

日本共産党のチャウシェスク礼賛は、すでに一九七〇年代に始まっています。一九七一年と一九七八年には訪問団が、一九八七年にはチャウシェスクと宮本議長のあいだの往復書簡というかたちで共同コミュニケと共同宣言を発表しているほどです。

日本共産党はよく調べもせずにルーマニア共産党のプロパガンダを鵜呑みにし、手放しで礼賛していたわけです。正確にいえば、宮本議長がいったんほめちぎったら、周囲の人間は誰も異を唱えることができません。

筆坂　ベネズエラを礼賛したのも、ルーマニアと蜜月関係にあったのも、同じような構図だね。

「共産主義革命」なき時代の日本共産党の存在意義

上念　やっぱり日本共産党を見ていると、新しい支持者も開拓できないし、かといって古い支持者がいやがるような新しいこともできない。いわゆる「老舗のジレンマ」に陥っているように見えますね。まあ、昔の客を切ってしまったら、日本共産党自体がつぶれるかもしれませんが。

　だから日本共産党の演目は決まっていて、ワンパターンですが、それでも毎回八時四十五分には印籠を出さなきゃいけない水戸黄門《みとこうもん》みたいなことをしているように見えます（笑）。

筆坂　でも水戸黄門もＴＢＳの地上波での放送は、最後は打ち切りになったよね。

上念　水戸黄門もダラダラ続いて結局、打ち切りになりました。最後には見る人がいなくなってパタッと終わりましたね。

筆坂　高齢の支持者がまだそれなりにいるから、なんとか延命装置になっているけれども、将来の展望がないと若い世代をはじめ、誰からも相手にされない。結局、「二十二世紀には共産主義革命になる」なんて占い師みたいな調子のいいことをいうしかなくなってくる。

上念　共産主義革命が起きる年がだんだん延びていくわけですね。

筆坂　そう。二十二世紀になったら、二十三世紀には実現するというような調子で、だんだん延びていくんだろうね。

上念　私自身は、日本共産党はやはりすでに歴史的な役割を終えていると思うんですよね。

筆坂　私もそう思う。共産主義革命など無理なんだから、党名も変更して解党的出直しをしたほうがいいと思う。ある種の真面目さは得がたいものがある。政党助成金を受け取らないのもひとつの見識だと思う。民主集中制という組織原則も見直し、科学的社会主義も捨てて、まともな党内選挙ができる普通の政党になればいい。

上念　政党として存続しているかぎりは既存の客をなんとかキープし続けないといけないわけですよね。

筆坂　案外、いまの党員や支持者は党名変更を喜ぶかもしれませんよ。だって、日本共産党という党名で得をした人などひとりもいないんじゃないですか。苦労ばかりですよ。そこから解放されるんですから。

上念　党名変更はありえませんよね。

筆坂　でしょうね。だから展望などないんだよね。

私がいちばん日本共産党にとって革命をリアルに感じていたのは、主観的だが、戦前のある時期と終戦直後の時期じゃないかと思う。

上念 それか、戦後の一九四七年の「二・一ゼネスト」が中止された前後のときですね。

筆坂 そう。あのあたりの敗戦の混乱期と党創立の時期だよね。

一九一七年にロシア革命が起きて、その影響で世界中に共産党ができるわけなんだけれども、日本にも一九二二年に日本共産党はコミンテルンの支部として成立するんだよね。

この時代の人は日本でもロシア革命みたいなものが起きて労働者の時代が来ると思っていたと思うんだよ。だから命がけで日本共産党に入ったんだと思う。

上念 先に筆坂さんが触れた『蟹工船』の小林多喜二にも、潜行する党員たちの姿を描いた『党生活者』という短編がありますね。

筆坂 その時代の人たちは、実際には革命からは遠くても、主観的な実感としては近いものとして受け止めていて、さらに革命はいつか起こせると燃えていたわけ。

上念 それと同時に社会不安もあった時代ですから可能性も高いわけですよね。国家が倒れそうになったときに便乗して革命を起こそうとするのが基本ですからね。

筆坂 戦争直後などもそうだよね。二・一ゼネストの際、日本共産党の徳田氏らは日本社会党左派と日本共産党からなる閣僚名簿まで作成して吉田茂《よしだしげる》内閣の打倒を目論《もくろ》んでいた。当時、日本共産党は占領軍を「解放軍」と評価していたからね。

上念 逆にいえば、安保闘争などでは革命は起こりえないってことですよね。もちろん、その七〇年安保の時代には日本共産党自体が冷めていて、そんな新左翼が主体となっている運動は認めていませんでしたが。

アベノミクスに対抗する経済政策が出せない日本共産党

筆坂 たしかに日本共産党には、もともとマルクス主義の経済政策なんてないんだ。なぜなら、マルクスには経済政策なんてないんだから。

上念 プロレタリアの独裁だけですからね。

筆坂 私が日本共産党の政策委員長だった時代には、よくテレビで各党の政策責任者が出演する討論会などに出ていたんだけれども、やっぱり日本共産党を代表していうことなんて決まっているんだよね。

私のときは「GDP（国内総生産）の六割が個人消費である。これを増やして需要を拡大する。これがいちばん大事なんだ」なんていうわけです。

そうすると、亡くなった自民党の町村信孝《まちむらのぶたか》元官房長官からいわれたことがあったよ。「なんだ。共産党はマルクス主義じゃなくて、ケインジアンじゃないか」って（笑）。

たぶんそのとおりで、供給重視なんだよね。

上念　サプライサイダーですね。

筆坂　でも、いまはグローバル化した経済のなかで企業がどう勝ち残っていくかを考えなきゃいけないわけだけれども、そういう時代に合わせた対応策や経済政策なんて持っていないんだよね。やっぱり国際競争もあるわけだからね。

上念　日本共産党の政策もそうですし、ほかの野党の政策もそうですが、そういう視点のものは弱いですね。だって、自民党ですらかなり危なくて結局、官僚に流されてしまうところがありますから。

安倍総理はそのあたりをさすがにわかっていて対応しようとしていますが、自民党議員も多くは本当に腐っていますからね。

結局、官僚のいうことを聞いて既得権におもねるだけで、自由な発想やイノベーションを阻害するばかりです。自由な発想を阻害すると経済成長は阻害されていく。だから本来はイノベーションを促進するために規制緩和などを推進しないといけません。

ですが、いまだに「これ、なんの意味があるの？」みたいな交付金がいっぱいあって利権の温床になっている。本当はそういうのをどんどんやめなきゃいけないけれども、自民党の議員も大多数は取り込まれていて、積極的ではありません。


「弱者のため」という美名のもとに、実際にはお金持ちがもらっていたりする場合も多いです。農協（ＪＡ）が典型ですが、家庭菜園レベルのことしかしていない人たちが農民を自称して仕切っているわけですからね。

本来は農業を本業にしている専門農家が主人公の農協をつくらないといけないいんですが、いまの構造では変わらないでしょう。

筆坂　そうだね。

上念　そういうおかしなことがほかにもいっぱいあって、参入障壁となっています。

一例を見れば、タクシーのライドシェアが日本ではどうしてできないのかというのもおかしな話です。タクシーの営業をするための二種免許だって、そもそも本当に必要なのかという話なんです。

だって、友だちを乗せるのに二種免許を取っている人はいない。頼まれた人を乗せて駅まで行ったりすることなんて誰だってあります。それを、なぜお金を取ってビジネスにする場合だけ特定の免許がないとダメなのか。本来、免許は安全の問題ですからね。

筆坂　いま、安全こそが最も重要ですよ。

野党共闘以外に支持者にアピールするネタがない

上念　日本共産党が野党共闘に積極的なのも弱っている証拠だと思います。結局、本業の政党としてのパワー自体がだいぶ落ちてきたから、支持者に対して説明するネタがなくなってきたんでしょう。

最近では、この野党共闘だけが語れる唯一のネタだったんですよね。

筆坂　この十年、二十年で最もインパクトがあるでしょうね。単独で戦って負け戦ばかりしてきたわけですから、選挙というものの視野が広がり、明るい兆しが多少は見えたんじゃないですか。

国政選挙で落選することがわかっている選挙活動をするというのは、わかっていても、けっこう党員や支持者はこたえるんだよね。

私がかつて中選挙区時代に東京一区の候補者をやっていた時代もよくいわれたよ。「赤旗」なども購読してくれる熱心な後援会員から、「筆さんに恨みがあるわけじゃないけれども、いつも投票しても落ちるばかりだからさ。やっぱり当選する人に投票したいんだよね。その点、区議会議員選挙は当選してくれるからいいんだよ」なんていわれるんだ。

上念 結果が毎回出ないから、支持者も疲れるわけですね。

筆坂 そう、疲れるんだよ。本当にその気持ちはわかるんだ。だから、これまでは衆院選でも、幹部は比例で当選するけれども、小選挙区では全選挙区に候補者を立てて落選してきたわけだから、やっぱり候補者もそれを応援する人も大変だと思うよ。

だって、真剣にやったとしても、そもそも当選しない。これまでに小選挙区で当選したのは三人だけ。一九九六年に京都三区と高知一区でひとりずつ。それと最近（二〇一四年、二〇一七年）、沖縄一区で赤嶺政賢《あかみねせいけん》氏が当選するようになっただけなんだから。

それなのに、小選挙区でずっと擁立していたわけだからね。

上念 今度の参院選でも選挙区で勝てる人は数えるほどですよね。

筆坂 そうだね。おそらく可能性があるのは現職がいる東京、京都、大阪と、定数が増えた埼玉くらいじゃないかな。

だから私は、日本共産党は歴史がいちばん長いことを自慢するけれども、長いからなんでもいいってわけじゃなくて、長いからこそ支持者にも党員にも疲れが出ちゃっているんだと思うよ。

それでも日本共産党がつぶれないのはなぜか

上念 日本共産党は今後、いまの社民党のように縮小していく可能性はありますか。

筆坂 日本共産党が社民党のようにはなかなかならないと思う。それは地方議員の存在が大きい。いまでも全国に二千七百人以上の地方議員がいる。とくに都市部は強い。私が活動していた新宿区などは、区議がかつては十人もいた。二〇一九年の統一地方選では数人が落選したようですが。

やっぱり地方議員が各地にいるということは、すごく活動の手足や支えになっている。「赤旗」の購読者を増やすのも党員を増やすのも地方議員だからね。

地方議員がいまくらいの規模で存在するかぎりは、社民党のようには衰退しないかもしれない。ただ彼らを支えているのはお年寄りが多いから、十年後、二十年後はかなり厳しいと思うよ。

ある情報によれば、二〇〇〇年には五十九歳以下の党員が七〇％で、六十歳以上が三〇％だった。それが二〇一〇年には五十九歳以下の党員が三〇％で、六十歳以上が七〇％に逆転したらしいんだよね。

この数字は志位氏が何年か前に行った公表された報告とも一致している。

上念　現在、新聞を読んでいる人と同じような比率ですね。

筆坂　党員に占める若年層の比率も低いからね。二十代の党員は一％にすぎないという話も聞こえてくる。

だから党は還暦を過ぎた人が中心なんだよ。とりわけ多いのが私らの世代で、七十歳前後がいちばん多いんじゃないかな。

今回の統一地方選挙でも、候補者を見ると、やっぱり六十代が多い。当選している現職は四十代とか五十代もそれなりにいるけれども、当選しそうにない選挙区に出馬している候補者は、やっぱり六十代や七十代。

会社を退職した人が頼まれて落選覚悟で出馬しているケースなどがあるんだよね。

昔は、たとえば教師を退職させて立候補させるケースもあったんだよね。もちろん当選が保証されている場合だけれども。ただ、いまはそんなことはできないからね。

薄れゆく「新左翼」と日本共産党の境界線

上念　私は、かつての日本共産党の最大の役割は、新左翼の連中がいかに間違っているかということを理論的に宣伝していたことだと思っています。いまでも日本共産党のホームページには中核派《ちゅうかくは》（革命的共産主義者同盟全国委員会）や革《かく》マル派（日本革命的共産主義者同盟革命的マルクス主義派）に注意するように記載されています。

筆坂　各国の共産党は自党の指導に従わない共産主義者のことを、スターリンとの権力争いに敗れたレフ・トロツキーの思想の影響下にあるなしとは関係なく「トロツキスト」と呼んで非難していたんだけれども、これは共産主義を掲げていても共産党と暴力学生はまったく違いますよということを強調するためだった。一般の人には皆目理解できない批判だけれども、しょせん狭い世界での批判合戦ですよね。

なぜ、日本共産党が新左翼のことを「トロツキスト」と批判したのかといえば、新左翼は日本共産党の路線を批判するのが主な仕事だからなんだよね。

上念　いまでも日本共産党のホームページの『Q&A』には、『「革マル派」「中核派」とはどんな団体?』との項目があり、回答として以下のような記載があります。

「革マル派」とか「中核派」などと名乗る団体は、凄惨（せいさん）な「内ゲバ」事件などをおこしてきた反社会的な暴力・殺人者集団であり、日本共産党とはまったく関係がありません。

最近の彼らの言動をみると、国際的な無差別テロを賛美し、テロリストへの支持・連帯という主張をさけんでいます。

2001年にアメリカでおこった3千人近くの人命を奪った9・11同時多発テロについて、「画《ママ》歴史的行為」（「革マル派」機関紙「解放」01年9月24日号）などとほめたたえ、テロ勢力との「連帯」までかかげてきました。

日本共産党にたいしては、「テロ根絶」の主張について、口ぎたない悪口を投げつけてきました。

彼らは、「革命」や「共産主義」などの言葉をかかげています。しかし、実際の役割は、国民の要求実現のたたかいと政治革新のとりくみを、暴力によって混乱させ、妨害することにあります。

国民の期待と支持が日本共産党に集まることを恐れる支配勢力は、「共産主義」を掲げ、暴力行為をおこなう集団を、日本共産党とかかわりがあるかのように、反共宣伝に利用してきました。

それは、反共右翼や警察がこうした集団に資金を提供してきたことや、警察が彼らの暴力行為を本気で取り締まろうとせず、「泳がせ」政策をとってきたことにも表れています。

日本共産党は、彼らの暴力行為を、一貫してきびしく糾弾してきました。

これらの集団が、「改憲阻止」などのスローガンをかかげて、憲法を守る人たちの運動の内部に入り込む策動をしていますが、民主勢力のなかでは、「統一行動の妨害団体」として、「共闘にくわえない」となっています。

これは二〇一〇年三月二十七日付の回答なんですが、現在ももちろんホームページ上に掲載されています。

ここまで批判しているのに、最近では沖縄などで思いっ切り共闘していますね。

筆坂　ただ最近は新左翼も力をなくしたからね。沖縄とかに入っているくらいなんだよね。

上念　ホームページで〈共闘にくわえない〉と書いてあるのに、おかしな話です。だから極左暴力主義と日本共産党の見分けがつかなくなってきていて、世間から見ても、いわゆる「パヨク」としてひとくくりになっている。日本共産党が新左翼を泳がせてどうするんだって話ですよ。

私は、本来は新左翼とはっきり線引きをする姿勢が日本共産党の正当性およびアイデンティティを支えていた部分があったと思っていますが、最近では力がなくなってきて曖昧になっている。ここの線引きをもう一回やったほうがいいんじゃないかなと思いますね。

筆坂　昔は新左翼も日本共産党に敵愾心《てきがいしん》を強く持っていたよ。私が早稲田《わせだ》大学の門前で街頭演説をやっていたときに革マル派の連中が拡声器を持ってきて、ワンワンやって妨害してきたこともしょっちゅうあったよ。

上念　いまは相当浸透されているかもしれないですね。

筆坂　沖縄は特殊だと思うけれどもね。実際には排除できないというのはあるんだと思うよ。共闘しようと思わなくても、その場所に来たら排除はできないわけだからね。そういうことはあると思う。

上念　中核派として有名なある歌手が「赤旗」の一面に安保法制反対に関連して載ったりしたこともありましたが、かつてなら絶対になかった。

筆坂　そういうことが今後も起こると思うね。昔ならもっと激しく排除していたと思うけれども。ただ、そのあたりはズルズルになっているんじゃないかな。それは、やっぱり勢力が弱まっているからなんだよね。

上念　キリスト教では「異端の罪は異教より重い」って言葉もあるくらいだから、日本共産党にとっても異端ですよね。

だから自民党より本来は新左翼を敵視しないといけないと思うんですよね。

ここを巻き直さないと日本共産党のアイデンティティは蘇ってこないと思うんです。いまのままだとジリ貧だと思いますよね。どう考えても。

ぐわんばれ日本共産党

上念　かつて一時期だとしても、その思想に共鳴した時期があった者としては、頑張ってほしいという気持ちがあります。

ただ自分でも資本主義の象徴的な受験産業に立ち向かおうと、みずから塾に行かなかった人間からいわせてもらうと、ここのところ、ちょっと根性がなくなっているんではないかと思います。

昔好きだったミュージシャンが衰えて声が出なくなっているのを見ているような気持ちですね。

私が感じているその最大のポイントは、新左翼と日本共産党を分ける境界線がすごく大事で、自民党との違いは明確だけれども、反自民のなかでワン・オブ・ゼムになっているんですよね。

かつては、戦前からの歴史もあり、日本共産党にはある種のブランドがありました。それなのに、いま沖縄で新左翼系の過激な団体と野合してやっているのを見るとゲンナリします。

それと筆坂さんのお話でも明らかなように、やはり不破氏が君臨していることがいちばん問題なんでしょう。本当は早めに代替わりして新しい血を入れればよかったのに。

筆坂　私は、やはり共産党員一人ひとりが社会主義や共産主義を本気で考えないといけないんではないかと思う。

現在の党綱領を読んで本当に共産主義が実現できるとは思えないし、将来的にそれを目指す政党でいいのかということを真剣に考えなければいけない。それを真剣に考えずに、LGBTをはじめとしたマイノリティの権利やさまざまな人権問題に取り組むのはいい。だが、本当にそれだけでいいのかと思うよ。

だって、その権利が守られれば、社会が進歩して社会主義革命になるのかといえば、そんなことはないでしょう。そこには体制変革の要求がないんですよ。

いま、日本共産党が掲げている政策を実現したら、本当に社会主義が実現できるのか。そんなことはありえない。それでは社会主義や共産主義とは結びつかない。本当にそんな日本共産党でいいのか。だったら、どうして共産党という看板を掲げているんですか。まともな共産党員なら真剣に考えるべきことでしょう。

上念　でも、そういうまともな意見をいう人を日本共産党は排除してきたから、いまの惨状になっているわけですね。

おわりに

日本共産党がいちばん反省しなければならないこと

筆坂秀世《ふでさかひでよ》

経済評論家として多くの著作もある上念さんが、学生時代に担任の教師の影響を受けて日本共産党や左翼運動に関心を持っていたことは知らなかった。そのこともあって、今回の対談本の出版ということになった。この道に引きずり込んだ教師の方に感謝したい。

今年は中国の首都北京《ペキン》で学生を中心とした民主化運動に対して、中国共産党が軍隊を出動させて大弾圧を行い、多数の死傷者を出した六月四日の天安門《てんあんもん》事件から三十年目の節目の年である。対談のなかでも言及したことだが、いまや世界の覇権大国となっている中国共産党の一党独裁体制がいつまで続くのかは世界の関心事となっている。

このことについて五月二十九日付産経《さんけい》新聞に当時、学生のリーダーのひとりとして民主化運動を主導し、現在はアメリカに亡命している王丹《ワンタン》氏のインタビューが掲載されている。王氏は「中国の人権状況は、天安門事件前よりはるかに悪化している」「独裁政権を維持するのに高いコストがかかる。だからいつか必ず崩壊する」と明言している。

われわれの目からすれば特段驚くような指摘ではない。そうだろうと思うし、一党独裁体制がいつまでも続いてはならないと強く思う。自由とか人権を大事にするというのであれば、この至極当然のことを、なぜ日本共産党は指摘しないのだろうか。

たしかに日本共産党は社会主義国への評価を何かあるごとにクルクルと変えてきた。今《こん》日《にち》の日本共産党の路線を確立した一九六一年の党綱領では、中国共産党の一党独裁体制をつくりあげた中国革命を「偉大な勝利」と持ち上げ、〈ソ連を先頭とする社会主義陣営（中略）が人類の進歩のためにおこなっている闘争をあくまで支持する〉などとしていた。

だが、ソ連での過酷な強制労働や農業集団化などのさまざまな問題が明らかになると、一九七七年の第十四回党大会で、ソ連や東欧の社会主義国は世界史的に見ればまだ生成期にあるという独自の議論を展開した。この議論というのは、「いろいろと問題はあるが、これからよくなっていく」ということを含意したものだった。

ところが一九九一年にソ連が崩壊すると、またまた社会主義国への評価を変更した。一九九四年の第二十回党大会で綱領の一部改正を行ったのだが、この報告で不破哲三委員長（当時）は、〈（引用者注＝生成期論の）当時はまだ、旧ソ連社会にたいする私たちの認識は、多くの逸脱と否定的現象をともないつつも大局的にはなお歴史的な過渡期に属するという見方の上にたったもので、今日から見れば明確さを欠いていた〉と述べ、次のように綱領を改正したというのだ。〈これまで「社会主義国」とよんできた諸国を「社会主義をめざす国ぐに」、「社会主義をめざす道にふみだした国ぐに」と表現し、旧体制が解体したソ連・東欧について、「社会の実態として、社会主義社会には到達しえないまま、その解体を迎えた」と規定しました〉。要するに、分析などという代物ではなく、社会主義国の否定的な面が露わになるたびに、慌てて失態を糊塗《こと》してきただけのことだ。

では、現在の綱領ではどうなっているのか。二〇〇四年の第二十四回大会で改正された現綱領には、〈今日、重要なことは、資本主義から離脱したいくつかの国ぐにで、政治上・経済上の未解決の問題を残しながらも、「市場経済を通じて社会主義へ」という取り組みなど、社会主義をめざす新しい探究が開始され、人口が一三億を超える大きな地域での発展として、二一世紀の世界史の重要な流れの一つとなろうとしていることである〉とある。

綱領改定報告を行った不破議長（当時）は、〈この判断は、方向性についての認識・判断であって、その国で起こっているすべてを肯定するということでは、もちろんありません。改定案自身が、これらの国ぐにの現状について「政治上・経済上の未解決の問題を残しながらも」と明記している通りであります〉〈他国の問題を考える場合、日本共産党は、社会の変革過程についての審判者でもないし、ましてや他国のことに何でも口を出す干渉主義

おわりに

日本共産党がいちばん反省しなければならないこと

者でもない〉というのだ。これはもういざというときの逃げ口上というしかあるまい。これでどうして〈世界史の重要な流れ〉などといえるのか。無責任の極みである。

不破氏はこの報告で、〈現実に社会主義への方向性に立って努力していると見ているのは、中国、ベトナム、キューバであって、北朝鮮はふくめていません〉とも述べている。

なぜ、日本共産党の社会主義国への評価は、これほど激しく変転してきたのか。不破氏はソ連崩壊後の一九九四年、綱領の一部改正を行った際の報告で、〈社会主義とは人間の解放を最大の理念とし、人民が主人公となる社会をめざす事業〉であると述べ、強制労働、囚人労働など大量弾圧を行ってきたソ連は社会主義国どころか、その〈過渡期〉でもなかったと述べ、党員の拍手喝采を浴びている。いい気なものである。ここには日本共産党が社会主義国への評価を誤ってきたことへの反省など微塵《みじん》もない。

そして、いちばん重要な指摘がなされていない。それは一党独裁こそがソ連の暴虐政治の最大要因だったということだ。日本共産党が評価する中国、ベトナム、キューバも一党独裁には変わりがない。いったいソ連や東欧諸国とどう違うというのか。

日本共産党がこの政治体制への批判ができないようでは、やはり「同じ穴の狢《むじな》」と見られてもしかたなかろう。

大手《おおて》メディアがなぜか触《ふ》れない
日本共産党《にほんきょうさんとう》と野党《やとう》の大問題《だいもんだい》

2019年7月8日　第1刷発行

著　者　筆坂秀世《ふでさかひでよ》　上念　司《じょうねんつかさ》

ブックデザイン　時枝誠一
本文DTP　坂従智彦

発行人　畑 祐介
発行所　株式会社 清談社Publico
〒160-0021
東京都新宿区歌舞伎町2-46-8 新宿日章ビル4F
TEL：03-6302-1740　FAX：03-6892-1417

印刷所　中央精版印刷株式会社

ISBN 978-4-909979-01-8 C0031

清談社
Publico

http://seidansha.com/publico
Twitter @seidansha_p
Facebook http://www.facebook.com/seidansha.publico